대학인의 의사소통과 협력

유기홍
시인, 문학박사

김영미
시인, 문학박사

대학인의 의사소통과 협력

초판 1쇄 발행 2019년 5월 15일
초판 3쇄 발행 2023년 4월 1일

지은이 | 유기홍, 김영미
펴낸곳 | (주)태학사
등록 | 제406-2020-000008호
주소 | 경기도 파주시 광인사길 217
전화 | 031-955-7580
전송 | 031-955-0910
전자우편 | thspub@daum.net
홈페이지 | www.thaehaksa.com

이 책에 직간접적으로 게재를 허락해 주신 모든 분께 감사드립니다.
저작권자와 연락이 닿지 않아 부득이 허가를 구하지 못한 일부 자료에 대해서는
연락 주시는 대로 적법한 절차를 따르겠습니다.

값 13,000원

ISBN 979-11-6395-117-9 93810

대학인의 의사소통과 협력

유기홍 · 김영미

태학사

머리말

현대사회는 지식을 얻는 방법이 다양해지고 정보를 활용하는 능력이 중요한 시대이다. 지식과 정보를 전달하는 데는 말과 글이 중요한 수단이다. 특히 4차 산업시대가 도래하면서 자기표현과 소통을 위한 글쓰기와 말하기가 중요해졌다. 또한 얼마나 잘 표현할 수 있는지에 따라 능력이 평가되고 있다.

글쓰기와 말하기 교육은 모든 교육과정에서 필수적인 것이다. 이 책은 NCS 능력별 단위에 가장 앞서 있는 의사소통능력과 대인관계능력 부분에 필요한 요건을 구체적으로 학습할 수 있게 꾸몄다. 책의 구성은 크게 의사소통을 위한 올바른 글쓰기와 소통과 협력을 위한 다양한 말하기로 나누어 기술하였다. 따라서 문제해결을 위한 글쓰기와 효과적 말하기 교육을 강화하는 데 필요한 내용들을 정확히 알고 연습할 수 있도록 하였다.

의사소통을 위한 올바른 글쓰기는 우선 글을 쓰기 위해서 꼭 갖추어야 할 기초능력과 글쓰기의 과정, 글쓰기의 방법을 익히고 실습할 수 있게 다양한 연습문제를 구성하였다. 다음으로 실용적 글쓰기는 사회생활에 필요한 문제해결력을 키우는 글쓰기와 개인적 글쓰기 훈련에 중점을 두었으며, 공감적 글쓰기는 인문학적 상상력 훈련을 통해 사고의 지평을 확장해나갈 수 있게 마련되었다.

소통과 협력을 위한 다양한 말하기 방식은 발표와 프레젠테이션, 토론과 토의에 대한 설명과 연습을 통하여 대인관계능력 부분을 강화하였다. 발표에서는 개인적 말하기 방식에 대한 설명과 연습을 하고, 토의와 토론에서는 집단적 말하기 방식에 대한 훈련을 통해 학습한 내용을 실질적으로 이해하고 활용할 수 있도록 구성하였다.

이 책은 의사소통을 위한 올바른 글쓰기와 다양한 말하기에 대한 기초능력을 익히고 보다 잘 표현할 수 있도록 하는 데 있다. 따라서 필수적인 내용을 선별하여 맞춤형 교육과 학습으로 실전에 활용할 수 있게 구성된 교재이다. 본 교재가 대학생들에게 의사소통능력과 대인관계능력을 기르는 데 도움이 되길 바란다.

2019. 3. 저자 씀.

차례

I

의사소통능력과 표현

1

커뮤니케이션

커뮤니케이션은 필수불가결한 인간의 활동이다. 커뮤니케이션은 우리말로 '의사소통'으로 풀이된다. 인간은 다른 동물에 비해 월등한 커뮤니케이션 능력을 지니고 태어났고, 누구나 커뮤니케이션을 더 많이, 더 잘하고자 하는 욕구를 지닌다. 그러나 커뮤니케이션은 결코 단순하지 않다. 커뮤니케이션의 본질을 알기 위해서는 커뮤니케이션이 '과정'이라는 것을 이해해야 한다.

커뮤니케이션의 본질을 보다 쉽게 이해하기 위해서는 먼저 단어의 어원을 살펴볼 필요가 있다. 커뮤니케이션(communication: 의사소통)은 '공통' 또는 '공유'를 뜻하는 라틴어 '코뮤니스'에서 왔다. 코뮤니스의 파생어로 공동체를 뜻하는 커뮤니티가 있다. 어원적으로 볼 때 커뮤니케이션의 핵심은 공유와 공감으로 둘 이상의 사람들이 서로의 생각과 감정을 함께 나누는 상호작용이다.

현대사회에서 의사소통능력의 중요성은 나날이 크게 인식되고 있다. 의사소통능력은 단순히 인간에게 천부적으로 부여된 '말할 줄 아는 능력'을 의미하는 것은 아니다. 여기에는 개인차가 분명히 존재하며, 그로써 사회활동에 많은 영향을 미친다. 즉 상황에 따라 적절히 융통성·유연성 있게 적용할 줄 아는 능력을 말한다. 그러므로 효과적인 커뮤니케이션을 위해서는 문제해결로서의 글과 말이 중요하다.

자신이 전하고자 하는 신호의 의미를 상대가 이해할 때 커뮤니케이션은 성립한다. 커뮤니케이션을 통해 사람들은 메시지를 보내고 받고 해석하는 과정을 경험한다. 커뮤니케이션은 상호적이며 진행적인 속성을 가진다. 마치 테니스를 치듯이 이것은 주고받으면 함께 만들어가는 과정이다. 상대의 성향과 능력에 따라 공이 오는 방식이 다르고 그에 따라 받아 넘기는 것도 다르듯이 커뮤니케이션도 그러하다. 내가 어떻게 보내느냐 하는 것은 나에게만 달린 일이 아니다. 이것은 지속적으로 메시지를 주고받으면서 어느 일방의 의도와는 달리 함께 창조되어 간다.

생각과 감정을 공유하는 커뮤니케이션은 보내는 행위와 받는 행위로 이루어진다. 표현도 인간의 커뮤니케이션에 속하며 그 중 보내는 행위이다. 표현의 방식이나 종류는 매우 다양하다. 간단한 표정이나 몸짓부터 시작하여 음성과 언어를 통한 좀 더 복잡하고 상징적인 표현들이 있다. 한편, 기술이 발달함에 따라 각종 도구를 활용한 표현 방식들이 나타났다. 대표적인 것이 편지나 책과 같은 글로 쓴 각종 기록물이며 점차 그림, 사진, 음악과 같은 다양한 표현 방식들이 발달하였다.

최근에는 IT 기술의 눈부신 발달에 힘입어 컴퓨터와 스마트폰을 활용한 표현들이 활발하게 행해지고 있고 SNS를 통하여 좀 더 폭넓고 빠른 커뮤니케이션이 이루어지고 있다. 많은 사람들이 블로그, 페이스 북 등을 이용해 자신의 상태를 사진이나 그림, 글로 표현하며 다른 사람들과 교류하고 있다.

표현의 방식 중에서 대표적인 것은 언어이다. 인간의 언어가 동물의 소통방식과 다른 점은 상징성에 있다. 동물의 소통방식은 고정적이고 한정된 형태로 특정한 상황에서 특정한 의미 외에는 사용될 수 없고 다른 의미가 첨가될 수 없다. 그러나 인간의 언어는 하나의 신호를 여러 상황에서 사용할 수 있고 사용자와 상황에 따라 다른 의미, 새로운 의미를 지닐 수 있어 개방적이고 생산적이다. 따라서 인간은 상황에 따라, 표현주체에 따라, 상대방에 따라 상이하고 색다른 의미와 방식을 취한다는 점이 인간 표현의 특징이다.

인간의 언어가 수행하는 기능은 다음과 같이 여섯 가지가 있다. 첫째, 화자의 입장에서 볼 때, 말은 화자의 생각이나 느낌을 듣는 이에게 정확하게 전달하는 데 목적이 있다. 둘째, 청자의 입장에서 볼 때, 언어는 청자에게 명령적 기능을 가진다. 셋째, 화제를 고려했을 때, 언어의 가장 핵심적인 기능은 무엇인가를 전달하는 데 있다. 넷째, 메시지 또는 전언을 고려할 때, 언어가 인간과 함께 생활한다는 점에서 언어의 생명력을 인정할 수 있다. 다섯째, 말이나 대화가 이루어지는 환경 조건을 고려할 때, 말이 기계적으로 의미를 전달하기만 하는 것이 아니라 화자와 청자 간의 의사소통과 의사소통의 가능성을 확인하기도 한다. 여섯째, 말의 종류를 고려할 때, 언어도 이 세상에 존재하는 하나의 사물이다.

우리가 학교에서 백일장을 할 때 똑같은 주제로 시를 짓거나, 그림을 그릴 때, 학생에 따라 각양각색의 시와 그림이 나오는 것은 바로 이 표현의 창조성 때문이다. 그런데 이때 표현의 창조성을 보편성과 공감대를 바탕으로 해야 한다. 그래서 창조는 학습과 모방을 바탕으로 한다. 즉 표현의 창조성도 상대방의 공감대를 바탕으로 이루어진다는 것이다. 이렇게 인간의 다양한 표현은 창조성을 가지고, 창조성은 보편성과 특수성, 공유와 차이를 내포한다.

2

말하기와 글쓰기

〈말과 글의 차이점〉

말(소리)	글(문자)
기록이 불가능하다(1회성)	기록이 가능하다
도구가 필요 없다	도구가 필요하다
시간과 공간에 제약이 있다	시간과 공간의 제약이 없다
즉흥적이다	오랜 사고의 결과이다
수정 할 수 없다	퇴고의 시간이 있다

우리는 다양한 표현을 하기 위해 말과 글을 쓴다. 또한 어떠한 문제를 해결하기 위해서 말과 글을 통해 해결책을 제시하게 되는데 이때 의사소통이 필요하다. 그 대표적인 방법인 말과 글은 의사소통의 도구이며, 글을 쓰고 말을 하는 것은 궁극적으로 문제해결을 목적으로 하는 적극적인 행위이다. 따라서 문제 상황에 따라 필요한 의사소통의 능력도 달라진다. 가령 학생들이 접하는 시험의 경우, 서술이나 논술로 답을 달아야 하고, 연구나 토론의 경우는 논문이나 보고서, 토론이 요구된다. 또한 대화와 타협을 통해 문제를 해소해야 하는 등 문제의 요구에 맞게 효과적인 의사소통능력이 필요하다.

일상생활에서는 말하기의 비중이 높지만 공식적인 활동에서는 글쓰기의 비중이 높다. 문제해결을 위한 의사소통에서는 글쓰기와 말하기가 모두 중요하다. 공식적인 의사소통 글쓰기는 대학에서의 학습 및 취업과 밀접한 관련을 맺고 있다. 대학에서는 리포트, 보고서, 연구논문, 시험 답안 등을 써야 하고, 취업을 위해서는 자기소개서, 논술시험을 위한 글쓰기가 요구된다. 기업에서는 제안서, 안내문, 홍보문 등이 중요하다.

공식적인 활동에서 말하기는 발표, 토의, 토론 등이 있다. 발표는 개인이나 집단이 일정한 대상에게 설명이나 주장을 하는 방법이다. 토의는 동일한 문제의식 가진 개인이나 집단이 모여 의견을 조율해 통일된 결론을 내기 위한 방법이고, 토론은 서로 다른 견해를 가진 개인이나 집단이 모여 자신의 의견을 관철시키기 위한 말하기 방법이다. 우리는 대학에서나 기업에서 구성원들과 원활한 의사소통을 하는 것이 반드시 필요하다. 또한 명쾌한 글과 말로 문제해결책을 제시해야 한다.

〈글쓰기 소통〉

문제 발생	해결방법	커뮤니케이션	문제해결
대학	리포트, 보고서, 논문, 시험 답안	글쓰기	서술식, 논술식, 연구논문
취업	자기소개서, 논술시험	글쓰기	항목별 구체적 서술 (사례 중심)
기업	기획서, 안내문, 홍보문	글쓰기	

〈말하기 소통〉

문제 발생	해결방법	커뮤니케이션	문제해결
발표	발표계획서, 발표문	말하기	설명문 (조원과의 소통)
토론	토론 개요서	말하기	논증문 (주장과 근거)
토의	조원과의 소통 협력 발표	말하기	조원과의 소통

3

글과 사고

우리는 우리가 생각하고 있는 것을 언어로 나타내어 다른 사람에게 전달하고, 또한 다른 사람이 표현한 언어를 통하여 그 사람이 무슨 생각을 하고 있는지 알아내게 된다. 여기에는 그 언어를 사용하는 집단의 구성원들 사이에 암묵적인 약속이 존재한다. 따라서 이 약속이 깨어지거나 약속이 어긋나게 되면 언어생활에 커다란 혼란이 오게 된다. 이와 같이 언어와 생각은 아주 밀접한 관계를 갖고 있다.

우리가 생각하는 것은 거의 대부분 말로 표현할 수 있지만 어떤 경우에는 말로 표현하기 어려운 경우도 있다. 말과 생각이 동전의 양면처럼 서로 안팎을 이루는 것이 아니다. 언어는 생각의 일부분을 주워 담는 작은 그릇에 지나지 않는다고 할 수 있다.

사고는 언어에 반영되고 언어는 행동을 유도하게 된다. 행동이 반복되면 습관이 되는 것이므로 우리는 어떤 사람의 반복되는 행동이나 습관을 통하여 그 사람이 어떤 언어를 사용할 것인지 추측할 수 있고 나아가 어떤 생각을 하고 있는지도 추측할 수 있게 된다. 그러나 아무리 인간의 생각이 말보다 범위가 넓고 크다고 하여도 그 생각을 언어로 표현해 놓지 않으면 그 생각의 위대함이나 오묘함을 다른 사람에게 전달할 수 없게 된다. 따라서 자기의 생각을 다른 사람에게 효과적으로 전달하려면 사고력을 길러야 한다.

좋은 글과 말로 표현하기 위해서는 무엇보다도 사고력을 어떻게 기를 것인가가 중요하다. 사고력을 기르는 방법으로 첫째, 다른 사람의 글을 많이 읽어 지식을 넓히는 동시에 다른 사람의 경험을 정리하여 간접경험해 보는 것이다. 다른 사람의 글에서 글감을 찾고 그것을 체계적으로 정리하는 일련의 작업들이 사고력을 기르는 일이며 좋은 글을 쓰는 바탕이 된다.

둘째, 사물에 대한 면밀한 관찰과 기록을 통해 합리적이고 체계적인 사고력을 기르는 것이다. 사물에 대한 면밀한 관찰과 기록은 그 사물에 대한 특성과 속성을 파악할 수 있게 하기 때문이다. 이런 일련의 과정이 사고력을 기르는 훈련인 동시에 우리 앞에 놓여 있는 여러 대상들을 재해석할 수 있도록 해준다. 우리 앞에 놓여 있는 대상을 새롭게 해석하는 능력은 많은 지식과 독서, 그리고 사색을 통해서 길러질 수 있다.

Ⅱ

맞춤법과 띄어쓰기

1. 한글 맞춤법
2. 띄어쓰기

1

한글 맞춤법

1) 한글 맞춤법의 원리

한글 맞춤법은 우리말을 우리 문자인 한글로 적는 방식을 규정한 법이다. 우리말을 적는 통일된 방식이 없어 사람마다 적는 방식이 제각각이라면 우리의 문자 생활은 큰 혼란에 빠질 것이다. 따라서 한글 맞춤법은 불필요한 규제가 아니라 효율적인 문자 생활을 위해 없어서는 안 될 규범인 것이다. 맞춤법은 필자와 독자 간의 효율적이고 정확한 의사 전달을 위해 존재하기 때문이다. 한글 맞춤법의 원리는 총칙에 나타난 바를 바탕으로 각 항목별로 규정에 따른다.

총칙

제1항 한글 맞춤법은 표준어를 소리대로 적되, 어법에 맞도록 함을 원칙으로 한다.
제2항 문장의 각 단어는 띄어 씀을 원칙으로 한다.
제3항 외래어는 '외래어 표기법'에 따라 적는다.

글을 쓸 때 표준어를 사용하고 한글 맞춤법이 맞도록 표기하는 것은 매우 중요하다. 표준어를 적는 방식에는 두 가지가 있을 수 있다. 하나는 들리는 대로 적는 것이고 또 하나는 들리는 소리와는 다소 멀어지더라도 의미가 잘 드러나도록 적는 것이다. 표면적으로 보면 이 두 방식이 상충되는 듯하나 한글 맞춤법은 이 두 가지 방식을 적절히 조화시키고 있다. 즉, "소리대로 적되, 어법에 맞도록"이라는 구절은 바로 이 두 방식의 조화를 의미하는 것이다. 위 제1항 구절에서 어미 '-되'는 앞 절의 내용을 인정하면서 뒤 절의 내용을 단서로 덧붙인다는 뜻을 담고 있는 것으로 해석된다.

그렇다면 어법에 맞게 적는다는 것은 무슨 뜻인가? 이 규정의 취지는 뜻을 파악하기 쉽도록 적는다는 것일 것이다. 그런데 어떻게 적는 것이 뜻을 파악하기 쉽도록 적는 것인가? 그것은 문장에서 뜻을 담당하는 실사(實辭)의 표기를 고정시켜 적는 방식일 것이다. 예컨대 '꼬치, 꼬츨, 꼳또'처럼 적기보다 실사인 '꽃'의 표기가 고정된 '꽃이, 꽃을, 꽃도'처럼 적는 것이다. '꼬치'와 같은 방식은 들리는 대로 적어서 적기에는 좋을지 모르나 뜻을 담당하는 실사의 표기가 고정되지 않아 뜻을 파악하기에는 큰 불편이 있기 때문이다.

정리하면 제1항의 "소리대로 적되, 어법에 맞도록"이란 구절을 바르게 적용하는 방법은 다음과 같다. 첫째, 어느 쪽으로 적는 것이 어법에 맞는지(즉, 뜻을 파악하기 쉬운지) 살펴 그에 따라 적고, 둘째, 어느 쪽으로 적든지 어법에 맞는 정도에(뜻을 파악하는 데에) 별 차이가 없을 때에는 소리대로 적는다. 예컨대 '붙이다(우표를 ~)'와 '부치다(힘이 ~)'에서 전자는 동사 어간 '붙-'과 의미상의 연관성이 뚜렷하여 '붙이-'처럼 적어 줄 때 그 뜻을 파악하기 쉬운 이점이 있으므로 소리와 달리 '붙이다'로 적고 후자는 전자와 달리 굳이 소리와 달리 적을 뚜렷한 이유가 없으므로 대원칙인 '소리대로'의 원리에 따라 '부치다'로 적는 것이다.

2) 맞춤법의 실제

1. '되어'와 '돼'의 구분: '돼'는 '되어'의 준말.
   되어, 되어서, 되었다 → 돼, 돼서, 됐다
   '하'와 '해'의 구분이다.
   되=하 → 할머니께서는 장차 훌륭한 사람이 되라고 말씀하셨다.

돼=해 →"장차 훌륭한 사람이 돼라."

2. '안'과 '않'의 구분: '안'은 부사이고 '않-'은 용언의 어간임.

(가) 안 가다, 안 보이다, 안 먹는다, 안 어울린다, 담배를 안 피움

(나) 집에 가지 않다(아니하다), 철수가 먹지 않았다(아니하였다).

※ '않다'는 '아니하다'의 준말로서 주로 '-지 않다' 구성으로 쓰임.

3. '있다가'와 '이따가'의 구분: 의미에 따른 구분.

(가) 이따가 보자. / 이따가 주겠다.

※ 뜻: "조금 뒤에"

(나) 하루 종일 집에 있다가 이제야 어딜 가는 거니?

※ 이따가 = 시간

있다가 = 장소

4. '-던'과 '-든'의 구분: '-던'은 과거의 뜻, '-든'은 선택의 뜻.

(가) 어제 집에 왔던 사람이 은주 신랑감이래.

(나) 사과든(지) 배든(지) 마음대로 먹어라

5. '부치다'와 '붙이다'의 구분: '붙다'와의 의미적 연관성이 기준.

(가) 힘이 부치다 / 편지를 부치다 / 논밭을 부치다 / 빈대떡을 부치다
안건을 회의에 부치다

(나) 봉투에 우표를 붙이다 / 흥정을 붙이다 / 불을 붙이다
꽃꽂이에 취미를 붙이다 / 조건을 붙이다 / 별명을 붙이다

6. '벌이다/벌리다'와 '늘이다/늘리다'의 구분: 반의 관계를 이용.

(가) 싸움을 벌이다 / 사업을 {벌이다, 벌리다} / 화투짝을 벌여놓다
입을 벌리다 / 밤송이를 벌리고 알밤을 꺼내다 / 자루를 벌리다

☞ '벌리다'의 반대말은 '오므리다, 닫다, (입을) 다물다'임.

(나) 엿가락을 늘이다 / 고무줄을 당겨 늘이다 / 머리를 길게 땋아 늘이다(늘어뜨리다)

☞ "길이가 있는 물체를 당겨 더 길게 하거나 아래로 길게 처지게 하는 행위."

인원을 늘리다 / 재산을 늘리다 / 실력을 늘리다 / 바지나 옷소매를 늘리다

☞ '늘리다'는 '늘다'의 사동사로서 그 반대말은 '줄이다'임.

7. '체'와 '채'의 구분: '체는', '체하다'로만 쓰임.

(가) 그는 날 보고도 못 본 체했다. / 쥐꼬리만 한 지식을 가지고 되게 아는 체하네.

(나) 불은 켠 채(로) 잠을 잤다. / 그 외국인은 신을 신은 채(로) 방으로 들어왔다.

8. 공사 중이니 돌아가 {주십시요, 주십시오}.

☞ '오'는 명령형, 종결형이다. '주십시오'가 맞음.

9. '-로서'와 '-로써'의 구분: '-로서'는 자격, '-로써'는 수단이나 도구.

-로서: 교육자로서 일생을 보내다 / 나로서는 할 말이 없다.

부모로서 할 일 / 교사로서 그런 말을 하다니 / 친구로서 충고한다

-로써: 도끼로(써) 나무를 찍다 / 칼로(써) 과일을 깎다 / 눈물로(써) 호소하다

※ '로써'에서 '써'는 생략이 가능하다.

10. '출석률'인가, '출석율'인가?: '출석률'이 맞음.

(가) 법률, 능률, 출석률, 행렬, 결렬

(나) 운율, 비율, 백분율, 분열, 우열 **※ 모음이나 'ㄴ' 받침 뒤에서는 '열, 율'로 적음.**

11. '며칠'인가, '몇 일'인가?: '며칠'이 맞음.

오늘이 몇 월 며칠이야? / 여행을 며칠 동안 가는 거야?

12. '바람'인지 '바램'인지?

(가) 우리의 바람은 남과 북의 주민들에게 모두 이익이 되는 통일을 이루는 것이죠.

(나) 저고리의 색이 바램. **※ '바라다'가 기본형임.**

13. '다르다'인가, '틀리다'인가?: '같지 않다'라는 뜻으로 '틀리다'를 쓰면 틀림.

(가) 이론과 현실은 달라요. / 선생님 제 생각은 다릅니다.

※ 뜻 '같지 않다'. '다르다'는 형용사.

(나) 계산이 틀리다. **※ 틀리다: '정답이 틀리다.'**

14. '-장이'인지, '-쟁이'인지?

(가) 미장이, 유기장이, 땜장이

※ 전통적인 수공업에 종사하는 기술자라는 뜻일 때만 '-장이'

(나) 요술쟁이, 욕심쟁이, 중매쟁이, 점쟁이

15. '웃어른'인가, '윗어른'인가: 위와 아래의 대립이 있을 때만 '윗-'으로 씀.

(가) 대립이 있는 경우: 윗니, 윗눈썹, 윗도리, 윗목

(나) 대립이 없는 경우: 웃돈, 웃어른, 웃옷

16. '깨끗이'인가?, '깨끗히'인가?

'이'	'이'로만 나는 것	가뜩이, 고즈넉이, 그윽이, 깊숙이, 끔찍이, 나직이, 멀찍이 등
	'ㅅ'받침 뒤	깍듯이, 깨끗이, 느긋이, 둥긋이, 따뜻이, 반듯이, 버젓이 등
	형용사 뒤	가까이, 가벼이, 고이, 날카로이, 쉬이, 굳이, 많이, 헛되이 등
	부사 뒤	곰곰이, 더욱이, 오뚝이, 일찍이 등
	첩어명사 뒤	간간이, 겹겹이, 번번이, 일일이, 집집이, 틈틈이 등
'히'	'히'로만 나는 것	급히, 딱히, 익히, 족히, 특히, 엄격히, 간곡히, 까마득히, 머쓱히, 막막히, 똑똑히 등
	'이,히'로 나는 것	솔직히, 가만히, 간편히, 나른히, 무단히, 각별히, 소홀히, 쓸쓸히, 과감히, 꼼꼼히, 열심히, 급급히, 섭섭히, 공평히, 능히, 당당히, 분명히, 상당히, 조용히, 간소히, 고요히, 도저히 등

17. '-데'와 '-대'의 구분

(가) '-데'는 과거의 직접 경험한 내용을 표시하는 표현

어제 보니까 혜정이가 참 예쁘데. / 사진을 보니 옛날에는 참 예뻤겠데.

(나) '-대'는 '-다고 해'가 줄어든 말로 남의 말을 전달할 때 사용하는 표현

철수가 아주 착하대. / 미정이가 회장이래.

18. '왠지'와 '웬지'의 구분

(가) '왠지'는 '왜인지'가 줄어서 된 말

오늘은 왠지 기분이 좋아.

(나) '웬'은 '어찌 된, 어떠한'을 뜻하는 관형사

웬 떡이냐. / 이게 웬 날벼락이냐.

※ 발음이 비슷해 발생하는 오류의 예

시키다 일을 시킨다.
식히다 끓인 물을 식힌다.

아름 세 아름 되는 둘레.
알음 전부터 알음이 있는 사이.
앎 앎이 힘이다.

안치다 밥을 안친다.
앉히다 윗자리에 앉힌다.

어름 두 물건의 어름에서 일어난 현상.
얼음 얼음이 얼었다.

이따가 이따가 오너라.
있다가 돈은 있다가도 없다.

저리다 다친 다리가 저린다.
절이다 김장 배추를 절인다.

조리다 생선을 조린다. 통조림
졸이다 마음을 졸인다.

주리다 여러 날을 주렸다.
줄이다 비용을 줄인다.

노름 노름판이 벌어졌다.
놀음(놀이) 즐거운 놀음.

느리다 진도가 너무 느리다.
늘이다 고무줄을 늘인다.
늘리다 수출량을 더 늘린다.

다리다 옷을 다린다.
달이다 약을 달인다.

다치다 부주의로 손을 다쳤다.
닫히다 문이 저절로 닫혔다.
닫치다 문을 힘껏 닫쳤다.

마치다 벌써 일을 마쳤다.
맞히다 여러 문제를 더 맞혔다.

바치다 나라를 위해 목숨을 바쳤다.
받치다 우산을 받치고 간다.
책받침을 받친다.

받히다 쇠뿔에 받혔다.
밭치다 술을 체에 밭친다.

가름	둘로 가름. '가르다'의 명사형	**반드시**	약속은 반드시 지켜라.
갈음	새 책상으로 갈음하였다.	**반듯이**	고개를 반듯이 들어라.
거름	풀을 썩힌 거름.	**부딪치다**	차와 차가 마주 부딪쳤다.
걸음	빠른 걸음.	**부딪히다**	마차가 화물차에 부딪혔다.
거치다	영월을 거쳐 왔다.		
걷히다	외상값이 잘 걷힌다.		
걷잡다	걷잡을 수 없는 상태.		
겉잡다	겉잡아서 이틀 걸릴 일.		

연습 1

다음에서 맞는 표기를 고르시오.

1. "청소년들이여 꿈을 가지는 사람이 (되어라/돼라)"
2. (다행이/다행히) 나쁜 일은 더 이상 일어나지 않았다.
3. 철수는 몸이 아프다고 학교에 오지 (안았다/않았다).
4. 제가 할(게요/께요).
5. 주먹구구식 경영은 (실패율/실패률)이 높다.
6. 사과(든/던) 배(든/던) 골라서 먹어라.
7. 나는 그녀에게 이별의 편지를 (붙였다/부쳤다).
8. 연애와 결혼은 (달라요/틀려요).
9. 그는 날 보고도 못 본 (체/채)했다.
10. 하늘을 (날으는/나는) 원더우먼
11. 공사 중이니 돌아가 (주십시오/주십시요).
12. 그는 공직자(로서/로써) 보람찬 일생을 보냈다.
13. (세 살배기/세 살바기)가 말을 제법 잘한다.
14. (웬/왠) 이상한 사람이 날 따라오더라.
15. 우리는 동네 골목길을 (깨끗이/깨끗히) 청소했다.

연습 2

다음에서 맞는 표기를 고르시오.

1. 귀밥 / 귓밥
2. 초점 / 촛점
3. 전세방 / 전셋방
4. 만만찮다 / 만만지 않다
5. 미류나무 / 미루나무
6. 나무라다 / 나무래다
7. 수양 / 숫양
8. 무릅쓰고 / 무릎쓰고
9. 온갖 / 온가지
10. 수자 / 숫자
11. 세째 / 셋째
12. 윗니 / 웃니
13. 넉넉지 않다 / 넉넉치 않다
14. 으례 / 으레
15. 수놈 / 숫놈
16. 윗어른 / 웃어른
17. 또아리 / 똬리
18. 생쥐 / 새앙쥐

2

띄어쓰기

띄어쓰기는 글을 통한 의사소통을 할 때 중요한 분야이다. 띄어쓰기가 어려운 것은 예외적인 경우가 많아서 예측하기가 힘들기 때문이다. 띄어쓰기를 잘하는 유일한 방법은 믿을 만한 국어사전을 찾아보는 것이다. 국어사전 찾기가 불편하다면 컴퓨터의 한글 문서 편집기에 들어있는 문서 교정 기능을 이용하기를 권하고 싶다. 컴퓨터를 이용하여 글쓰기를 하는 경우 편리하게 이용할 수 있다. 이 글에서는 국어사전에서 단어를 올리는 원리와 국어사전을 통해서 띄어쓰기 문제를 해결하는 방법 등을 제시한다.

1) 띄어쓰기의 원리

'한글 맞춤법' 총칙 제2항에 보면 "문장의 각 단어는 띄어 씀을 원칙으로 한다."고 나와 있다. 그런데 중요한 한 것은 무엇이 독립적인 단어인지 아닌지를 구별하는 일이다. 띄어쓰기에 대한 일반적인 원칙은 다음과 같다.

(1) 띄어 써야 할 것.

① 의존 명사, 단위를 나타내는 명사는 띄어 써야 한다.

② 나열하거나 이어주는 말은 띄어 써야 한다.

(2) 붙여 써야 할 것.

① 조사는 그 앞 말에 붙여 쓴다.

② 어미는 앞 말에 붙여 쓴다.

③ 접사는 어기에 붙여 쓴다.

2) 띄어쓰기의 실제

1. '등(等)', '및'의 띄어쓰기: '등(等)'은 항상 띄어 씀.

(가) 책상, 걸상 등이 있다.

(나) 이사장 및 이사들

2. 숫자 표기의 띄어쓰기: 만 단위로 띄어 씀.

(가) 십이억 삼천사백오십육만 칠천팔백구십팔

(나) 십만 장, 십만여 장

3. '회의중'인가, '회의 중'인가: 한 단어로 굳어진 경우가 아니면 '중(中)'을 띄어 씀.

(가) 학생 중에, 꽃 중의 꽃

(나) 회의 중에는 사담을 하지 말 것 / 다리를 건설 중이다.

(나)' 지금 〔중요한 회의〕 중이오니 잠시만 기다려 주십시오.

※ 구 뒤에 '중'이 붙는 예.

(다) 은연중, 무의식중, 한밤중 ☞ 한 단어로 굳어진 말.

4. '고등 학교, 그 동안, 전라 북도, 솔선 수범, 금수 강산, 태백 산맥, 의존 명사'인지?

(가) 초등학교/고등학교, 전라북도, 태백산맥, 의존명사, 그동안

※ '그간, 그사이'와 동의어로 쓰이는 '그동안'은 붙여 쓴다.

(나) 솔선수범, 시행착오, 삼고초려, 금수강산, 낙화유수, 동가홍상

〈한문에서 온 고사성어, 문구〉

(다) 김치찌개, 제육볶음, 옥수수기름, 고춧가루 〈음식 이름, 재료명〉

(라) 사과나무, 강장동물, 조선호박 〈동식물의 분류학상의 단위, 품종명〉

(마) 석회질소, 염화나트륨 〈화학 물질의 이름〉

(바) 신약성서, 경국대전; 갑오경장, 임진왜란 〈한문식의 서명, 사건명〉

5. '만'의 띄어쓰기

(가) 이거 얼마 만인가? / 집 떠난 지 3년 만에 돌아왔다.

☞ "동안"의 뜻. 의존명사.

※ '오랜만에, 오랫동안'의 구별에 주의.

(나) 철수만 오다 / 공부만 하다 ☞ "한정"의 뜻. 보조사.

(다) 형만 한 아우 없다 / 짐승만도 못하다 / 그 사람도 키가 꼭 너만 하더라.

☞ "그러한 정도에 이름"의 뜻. 보조사.

6. '씨'의 띄어쓰기: 호칭어, 관직명 등은 띄어 씀.

(가) 김연옥 씨, 김 씨, 김 양, 김 선생, 김 교수, 김 장군, 김 사장

※ 붙여 씀을 허용하자는 논의도 있음.

(나) 우리나라에는 김씨 성이 많다. ※ 성씨를 가리킬 때.

7. 성과 이름의 띄어쓰기: 성과 이름, 성과 호 등은 붙여 씀.

(가) 김영미, 홍길동, 이퇴계, 서경덕

(나) 황보민/황보 민, 남궁서, 남궁 서, 선우영/선우 영

☞ 성과 이름을 구별할 필요가 있을 때 한해 띄어 쓸 수 있음.

8. '안되다/안 되다'의 띄어쓰기: 부정문으로 쓰인 경우가 아니면 붙여 씀.

(가) 마음이 안되다 / 시험에 실패했다니 참으로 안되었다. 〈형용사〉

(나) 저녁에 밥을 안 먹었다 / 시간이 아직 안 되었다.

9. '짜리, 어치, 투성이'의 띄어쓰기: 접미사이므로 붙여 씀.

(가) 얼마짜리, 100원어치, 흙투성이

10. '녘'의 띄어쓰기.

(가) 동녘, 서녘, 남녘, 북녘, 들녘, 새벽녘, 아침녘, 황혼녘

(나) 해 뜰 녘, 동틀 녘 ☞ 관형사형 어미 뒤에서만 띄어 씀.

11. '내(內), 외(外), 초(初), 말(末), 백(白)' 등의 띄어쓰기.

(가) 범위 내, 이 구역 내

(나) 예상 외, 이 계획 외에도, 전공 외의 교양과목

(다) 20세기 초, 내년 초, 개국 초, 학기 초

(라) 90년 말, 이 달 말, 이번 학기 말쯤에 보자, 고려 말, 금년 말

※ '학기말 시험, 학년말 고사'처럼 굳어진 경우는 붙여 씀.

(마) 주인백, 관리소장백 **※ 백(白)은 '말씀을 사뢰다'는 뜻의 접미사.**

12. '본(本), 귀(貴), 제(諸), 각(各), 대(對), 간(間)' 등의 띄어쓰기.

(가) 본 연맹, 본 조사기관, 본 대학에서는; 본바탕, 본부인

※ 본래의 뜻과 멀어져 자신과 남을 가리키는 데 쓰이는 '본'은 띄어 씀. 그러나 '본인(本人), 본고(本稿), 본회(本會)'처럼 '본(本)' 다음에 오는 말이 단어가 아닐 때에는 붙여 씀.

13. 단위를 나타내는 명사의 띄어쓰기: 순서, 연월일, 시각을 나타낼 때나 아라비아숫자 뒤에서는 붙여 씀을 허용함.

(가) 금 서 돈, 집 한 채, 버선 한 죽

(가)' 이백만 원, 삼십억 원

(나) 제2 과/제2과, 이십칠 대/이십칠대 국회 의원, (제) 삼 학년/삼학년 〈순서〉

(나)' 두 시 삼십 분/두시 삼십분, 여덟 시/여덟시, 칠십 년 오 월/칠 십년 오월 〈연월일, 시각〉

※월명(月名)을 나타내는 경우는 한 단어이다. "사월엔 진달래가 한창이다"

(나)″35원/35원, 274 번지/274번지, 26 그램/26그램 〈아라비아숫자 뒤〉

14. 성명이 아닌 고유명사의 띄어쓰기

(가) 대한 중학교(원칙)

대한중학교(허용)

※ 고유명사는 붙여 쓸 수 있음.

(나) 한국 상업 은행 재동 지점 대부계(원칙)

한국상업은행 재동지점 대부계(허용)

※ 기구나 조직을 나타내는 말은 구성 단위별로 붙여 쓸 수 있음.

(다) 대통령 직속 국가 안전 보장 회의(원칙)

대통령 직속 국가안전보장회의(허용)

※ '부설(附設), 부속(附屬), 직속(直屬), 산하(傘下)' 따위는 앞뒤의 말과 띄어 씀이 원칙이나 아래 (다)'처럼 특정 기관을 가리키는 명칭의 일부로 쓰일 때에는 붙여 쓸 수 있음.

(다)′서울 대학교 사범 대학 부속 고등 학교(원칙)

서울대학교 사범대학 부속고등학교(허용)

연습 3

다음 문장을 띄어쓰기 하시오.

1. 집에서처럼편하게지냈다.
2. 그는사과는커녕오히려화를내었다.
3. 전쟁터에서병사들이죽어갔다.
4. 나는어릴때살던집을찾아갔다.
5. 기절할만큼놀랐다.
6. 그림자가키만큼길어졌다.
7. 대학생이된지일년이되었다.
8. 그가갔는지모르겠다.
9. 그것은부모자식간에있을수없는일이다.
10. 아버지는삼십년간일한직장에서퇴직하셨다.
11. 형만한아우없다.
12. 채소만먹어라.
13. 화날만하다.
14. 김선생님은말을아주잘하기로소문이났다.
15. 제3차협상이시작되었다.
16. 공부를하느라고잠을자지못해얼굴이안됐다.
17. 늦잠을자면안된다.
18. 요즘공부가잘안돼요.
19. 밥먹으러같이가자.
20. 바람같이사라졌다.
21. 한방중에도거리에사람이많았다.
22. 한마디말도없이떠났다.
23. 배한척이떠있다.

종합 연습

1. 다음 예문에서 한글 맞춤법에 맞지 않는 표기를 찾아 바르게 고치시오.

1. 아니요, 제 이름은 정은이예요.

2. 고을 사람들은 그 원님이 이 고을을 오래오래 다스려 주기를 바랬습니다.

3. 나는 외국에서 몇 년 살다 왔고, 공부는 잘 않했다.

4. 현제 인천에서 살고 있다.

5. 몇일 동안 밖에 나가지 못했다.

6. 나는 부침성이 좋은 성격이다.

7. 그는 취업을 위해 완벽한 영어실력을 가추었다.

8. 예상했든 일이 실제로 벌어졌다.

9. 앞으로 통학버스로 학교에 다닐려고 한다.

10. 동생과 나는 성격이 너무 틀리다.

11. 컴퓨터를 구매하시면 저희 회사에서 교육시켜 드립니다.

12. 나는 내성적이기보다는 외면적인 사람이다.

13. 그렇게 꾸물데다가 학교에 늦겠구나.

14. 나는 필이 꽂히면 뭐든 열심히 하는 스타일이다.

15. 요컨데, 한국 경제는 총체적 난국을 맞았다고 할 수 있다.

16. 아마도 그럴려고 미리 준비한 듯 봉투를 상금에 얹어 건네줬다.

17. 이 요리는 잡지 가정난에 있는 요리법을 따라 해 본 거야.

18. 십월 한 달 동안, 대일은 신애와 완전무결한 밀월을 보냈다.

2. 다음 글을 맞춤법과 띄어쓰기에 맞게 다시 써보시오.

오늘은힌두교성지바라나시(Varanasi)에서이엽서를띄웁니다.바라나시는매년100만명이상의순례자들이찾아와 '인도의 마음'을길어가는곳입니다.이곳사람들은갠지스를'강가(Ganga)'라고부릅니다만나는당신의편의를위해갠지스라쓰겠습니다.갠지스강은당신도잘알고있듯세계의지붕인히말라야산맥에서발원하여인도양으로흘러들기까지메마른인도대륙을적시며곳곳에찬란한고대문명을꽃피운인도의젖줄입니다.갠지스강이이곳바라나시에이르면마치전생으로부터흘러오던강물이잠시이곳을이승으로삼다가떠나려는듯초승달같은만곡(彎曲)을이루면서유속(流速)도뚝떨어집니다.나는아직도어둠이채걷히지않은이른새벽강에배를띄우고강물과함께천천히흘러갑니다.강가는벌써강물에몸을씻고,명상하고,기도하는사람으로가득합니다.갠지스강물에몸을씻으면이승에서지은모든죄를씻어버릴수있기때문입니다.'가트(Ghat)'라는이목욕장은강물에닿아있는긴돌계단으로,이돌계단은죽은사람의시체를태우는화장터로도사용하고있습니다.

– 신용복, 『더불어 숲』 중에서

Ⅲ 단락과 문장

1

단락과 문장

1) 단락이란

글을 통해 자신이 생각을 펼쳐 나가는 데 있어서 가장 기본이 되는 것이 단락이다. 단락은 어떤 통일된 이야기를 기준으로 토막 낸 글의 단위라고 할 수 있다. 단어가 모여서 하나의 문장이 되고, 문장이 모여 단락이 되고, 단락이 모여 글이 되는 식으로 단락은 글의 단위이다. 곧 하나의 글이 몇 개의 작은 이야기로 이루어졌을 때, 그 작은 이야기 하나하나를 대표하는 것이 단락인 것이다. 이때 단락이란 하나의 생각을 중심으로 해서 모인 문장들의 집합을 말한다. 즉, 단락 내의 모든 문장은 어떤 한 가지 내용을 말하기 위해 쓰인다. 그 한 가지 내용이 바로 단락의 주제이다.

한 편의 글이 중심 생각인 주제를 갖듯이, 한 단락도 중심 생각을 갖는다. 이것을 소주제(小主題)라 한다. 이 소주제를 하나의 문장으로 나타낸 것을 소주제문이라 하며, 이 소주제문을 뒷받침하기 위하여 동원된 문장들이 뒷받침 문장들이다. 한 문장만으로 구성된 단락도 있지만, 대게 여러 문장이 유기적으로 결합되어서 이루어진다.

① 한 개 이상의 문장으로 되어 있다.(연속성)

② 작은 주제를 가지고 있다.(강조성)

③ 주제는 하나로 수렴되어야 한다.(통일성)

④ 문장 전체 그리고 다른 단락과 상호 관계를 지니고 있다.(상관성)

2) 단락 나누기

단락은 내용상 하나의 덩어리를 가지며, 줄을 바꾸고 들여 쓰는 것을 의미하는 것으로서, 쉼표와 마찬가지로 읽는 사람의 문장 이해를 돕기 위한 표현 방법이다. 단락을 구분 짓는 명확한 기준은 없지만 다음의 규칙이 일반적이다.

① 시간, 장소, 장면이 바뀌거나 다를 때

② 인물, 상태, 동작이 바뀌거나 다를 때

③ 사건이나 현상이 바뀌거나 다를 때

④ 생각이나 논점, 주장이 달라질 때

⑤ 서술문에서 회화문으로 바뀌거나 말하는 사람이 바뀔 때

⑥ 긴 인용문을 넣을 때

⑦ 어떤 특정한 부분을 강조하고 싶을 때

연습 4

1. 하루 일과를 오전, 오후, 저녁 시간으로 나누어 단락을 완성해보시오.

2. 친구의 얼굴이나 성격의 특징에 대하여 단락을 완성해보시오.

3) 단락 나누기의 요령

① 단락은 하나의 화제로 구성되어야 한다.

- 서로 다른 화제가 올 때는 단락을 나눈다.

② 제시된 화제에 대한 적절한 상세화를 해야 한다.

- 소주제문(추상적) + 뒷받침 문장(상세화)

③ 하나의 단락은 가급적 '위에서 아래로의 방식'으로 구성한다.

- 화제를 제시하고 상세화해 나가는 방식을 말함.

④ 하나의 문장으로 하나의 단락을 만드는 것은 되도록 피한다.

⑤ 뒷받침 문장들은 일관성 있게 유기적으로 결합해야 한다.

4) 단락을 나누는 방법

① 전체의 주제를 먼저 파악한다.

② 글이 몇 가지의 이야기를 하고 있는지를 파악하여 크게 나눈다.

③ 크게 나눈 것을 다시 잘게 나누어 간다.

④ 다음의 내용을 참고하여 나누는 것이 좋다.

ㄱ. 화제 파악: 단락이 나누어지는 것은 기본적으로 화제가 달라지기 때문이다. 하나의 생각을 펼쳐 나가다가 다른 화제로 전환이 이루어질 때 단락이 나누어지는 것이다. 긍정에서 부정으로, 전제에서 본론으로 바뀌는 대목 같은 데서 단락이 나누어진다.

ㄴ. 접속어: 일반적으로 접속어들은 단락이 나누어지는 지표가 될 수 있다. 그러나 언제나 그런 것은 아니라는 점을 명심해야 한다. 오히려 접속어가 함정이 될 수 있다.

ㄷ. 지시어: 지시어는 앞에 나온 어휘를 대신하여 쓰는 말이다. 어떤 어휘가 계속하여 지시어로 대신 쓰인다면 단락을 나눌 수 없는 것이 보통이다. 특히 '이' 혹은 '이것'과 같은 지시어는 같은 단락 내에서 쓰일 수 있는 지시어이다.

2

단락의 구성과 전개방식

1) 단락 구성의 원리

통일성	한 단락 안에서 다루어지는 소주제는 하나이고, 뒷받침 문장이 소주제의 범위를 벗어나지 않도록 해야 한다.
일관성	한 단락 안에서 일관성은 앞뒤 문장의 관계를 나타내는 지시어, 접속어, 핵심 어구를 통해 확인할 수 있다. 또 내용이 모순되어서는 안 된다.
완결성	하나의 단락이 완성되기 위해서는 형식적, 내용적 요소들이 유기적으로 결합되어야 한다.

(1) 통일성의 예

(가) 한(韓)민족이 다른 민족에게 동화되지 않았다는 것은 배타적이기 때문이 아니다. 고유한 특성을 가지고 있기 때문이었으며, 이웃의 문화를 흡수하여 자기의 것으로 삼는 데 게으르지 않았기 때문이다. 한민족의 이웃에 있으면서 고도의 문화를 가진 것은 중국이었다. 한국과 중국과의 왕래 접촉은 아득한 옛날부터 시작되어 한국은 적극적으로 중국의 문화를 받아들여 이를 더욱 발전시켰다는 것은 한민족의 문화가 중국 문화에 예속되어 있지 않다는 단적인 증명이 될 것이다.

(나) 주남저수지의 백조들은 우아한 기품을 자랑하고 있다. 올겨울 주남저수지에는 약 1만여 마리의 백조가 유유히 헤엄치며 무리를 이루고 있다. 보통 때엔 목을 S자로 굽히지만, 경계할 만한 대상이 나타나면 목을 곧게 세우고 한곳으로 모여든다. 주남저수지에는 왜가리와 큰 기러기가 상당히 있으며, 희귀종으로 알려진 재두루미도 열두 마리나 날아와 학계의 비상한 관심을 끌었다. 백조가 한쪽 다리로 서서 머리를 등과 깃털 사이에 넣고 잠을 자기도 하고, 긴 목을 물속 깊숙이 넣고 수초의 뿌리를 먹는 모습이 재미있다.

(가)는 '한민족이 다른 민족에게 동화되지 않았다는 것은 이웃의 문화를 흡수하여 자기 문화로 삼는 데 게으르지 않았기 때문이다.'라는 소주제에 통일되어 있지만, (나)의 부분은 '주남저수지의 백조들은 우아한 기품을 자랑하고 있다.'는 소주제와 관계가 없는 부분이다. 따라서 (가)는 통일성이 있는 단락이라고 할 수 있으며, (나)는 통일성이 없는 단락이라고 할 수 있다. 다음은 통일성이 없는 단락의 특성을 정리한 것이다.

통일성이 없는 단락

㉮ 한 단락에 두 개 이상의 주제가 들어 있는 글
㉯ 주제와 관계없는 내용이 들어 있는 글
㉰ 서로 모순되는 내용이 들어 있는 글

(2) 완결성의 예

(가) 제주도에는 이국적인 풍물이 많다. 가로수로 서 있는 종려나무며 협죽도부터가 이국적이요, 집이며 밭을 둘러싼 까만색의 돌담 또한 여간 이국적이지 않다. 구멍이 숭숭 뚫린 돌이며, 새끼로 꽁꽁 인 초가집 지붕을 보면 꼭 다른 나라에 온 듯한 착각을 일으킨다.

(나) 철수는 집이 환하라고 불을 켰다. 현관에도 켜고 마루에도 켠다. 엄마는 불을 끈다. 현관도 끄고 마루도 끈다.

(가)는 제주도의 이국적인 풍물이 구체적으로 제시되어 있기 때문에 완결된 글이라고 할 수 있다. 그러나 (나)는 내용이 불충분하여 완결성이 결여된 글이다. 왜냐하면 철수가 불을 켜는 이유는 나와 있으나, 엄마가 불을 끄는 이유는 나와 있지 않기 때문이다. '엄마는 전기료를 절약하기 위해 불을 끈다.' 정도로 고쳐야 할 것이다.

완결성을 지키지 못한 글

㉮ 뒷받침 문장이 충분하지 못한 글
㉯ 같은 이야기가 반복되어 있는 글
㉰ 화제문에 대한 전개가 없는 글
㉱ 이유가 제시되어 있지 않은 글

(3) 일관성의 예

학교를 마치고 회사에 취직을 했다. 과거의 내 지식은 주로 책을 통해서였다. 실제 세상사에는 거의 도움이 되지 못했다. 나는 자신을 잃게 되었고 일에 흥미를 잃었다. 사표를 내야겠다고 생각했다. 상사가 내 기분을 짐작했던지 자기 방으로 나를 불렀다, 내게 맡겨진 일의 중요성과 사무 처리의 방법에 관해 말했다. 내 자신이나 나의 일에 잘못이 없었음을 깨닫고 열심히 일해 보리라고 결심했다.

학교를 졸업하고 막 취직한 사람이 겪는 일이 잘 진술된 글이다. 그러나 문장의 흐름이 유연하지 못하고 도막이 난 느낌을 준다. 문장의 일관성을 유지하는 데에 접속 어구의 사용, 동일 어구의 반복, 지시 어구의 사용 등의 세 가지 방법이 많이 쓰인다.

① 접속 어구의 사용

접속 어구를 써서 앞뒤 문장을 연결하여, 앞 문장에 대한 뒷문장의 관계를 밝혀 주고, 뒷문장이 나아갈 방향을 예고하여 준다.

사람은 제 각기 생김생김이 다른 것과 마찬가지로 사고방식도 다르고, 지향하는 목표도 일정하지 않다. 그러나 총체적으로 볼 때, 이것은 그 시대적 성격의 테두리 안에서 생기는 차이에 불과하다. 따라서 어느 시대 사람이나 자기가 살고 있는 시대의 성격을 공통으로 지니고 있는 것에 비하면, 개인적 차이라는 것은 그다지 심각한 것이 못 된다.

② 동일 어구의 반복

문단의 핵심 어구를 거듭 사용하여 일관성을 유지하는 방법이다. 문맥 속에서 동일 어휘의 적절한 반복은 문장 사이의 연쇄는 물론 글의 긴장감을 주면서 필자가 전달하려는 내용을 강조하여 표현력을 증대시킨다.

'영국 사람은 걸어가면서 생각한다.'는 말이 있다. 이 말은 누가 시작해 낸 것인지 모르지만, 영국은 민주주의가 발달되었다는 것을 잘 드러낸 말이다. 걸어가면서 생각한다면, 선 자리가 달라짐에 따라, 사물을 올바로 파악할 수 있게 된다. 토의(討議)는 걸어가면서 생각하는 것과 마찬가지이다.

③ 지시 어구의 사용

앞이나 뒤 문장의 단어나 주장을 가리킬 때, 지시를 받는 대상이 지시어를 통해 반복됨으로써 문장 사이, 혹은 문단 사이를 간결하게 연결할 수 있다. 지시어는 그 자체의 특정한 의미 내용은 없으나 앞뒤 문장의 어떤 내용을 지시하기 때문에 문장 간에 긴밀한 연쇄 작용을 가져온다. 지시어의 형태는 '이, 이것, 이리, 이러한, 이렇게' 등 다양하게 변화할 수 있다.

우주 과학의 연구를 거듭하여 1969년 7월 21일, 드디어 인간이 달에 가는 꿈을 실현하였다. 이것이 성공하기까지에는 피눈물 나는 연구와 훈련과 인내가 필요하였다.

2) 단락 구성의 방법

단락의 구성은 어떤 질서를 따르게 된다. 이 질서를 유형화하면 두괄식 구성, 미괄식 구성, 양괄식 구성, 시간적 구성, 공간적 구성, 이 다섯 가지 방식이 있다.

① 두괄식 구성(연역적 구성): 일반적인 것의 구체화, 소주제문+뒷받침 문장들

두괄식 구성은 가장 널리 쓰이는 방식이다. 먼저 일반론적인 진술을 한 다음 그것을 풀어서 설명하거나 실례를 들거나 또는 증거를 제시하여 독자의 이해를 돕는 방식이다.

> 가을을 독서의 계절로 못 박아 놓고들 있지만 사실은 독서하기에 가장 부적당한 계절일 듯싶다. 날씨가 너무 청청하기 때문이다. 그리고 엷어 가는 수목의 그림자가 우리들을 먼 나그네 길로 자꾸만 불러내기 때문이다. 푸르디푸른 하늘 아래서 책장이나 뒤적이고 있다는 것은 아무래도 고리타분하다. 그것은 가을 날씨에 대한 실례다.

② 미괄식 구성(귀납적 구성): 구체적인 것의 일반화, 뒷받침 문장들+소주제문

①과 정반대의 순서로 하는 방식이다. 앞에서 예를 들거나 구체적으로 이야기한 뒤, 뒤에서 이를 정리하는 형식의 구성 방식이다.

> 철수는 모자를 비스듬히 쓰는 일도 없었고, CCC라는 글자가 새겨진 교복의 단추를 모로 기울어지게 다는 일도 없었다. 양복바지의 무릎이 앞으로 튀어나오는 일도 없었고, 신발은 언제나 깨끗했다. 철수는 이처럼 몹시 단정하고 결백했다.

③ 양괄식 구성: ①②의 혼합, 소주제문+뒷받침 문장+소주제문

양괄식 단락은 주제문이 첫머리와 끝에 두 번 나타나는 방식이다. 이 구성 방식은 중심 내용을 강조하는 효과가 있다.

> 우리나라 사람들은 흔히 "학문"하면 "어렵다"라고 말한다. 만약 누가 학문을 쉽다고 말하기라도 한다면 큰일이라도 날듯이 자못 진지한 표정과 목소리들로 "학문은 어려운 것이다"라고 말한다, "학문"하면 "어렵다"고 말하는 것, 그것은 우리나라에서는 신중한 처사다. 그렇게 말하지 않고 달리 말하면 자칫 불필요한 오해를 살 수도 있다. 우리나라 사람들은 "학문은 어렵다"는 말에 최면 걸려 있는 듯하다.

④ 시간적 구성 : 시간의 흐름

시간적 순서에 따른 단락 구성은 일의 발생, 진행 등의 시간적 경과에 좇아서 글의 줄거리를 짜는 방식이다. 예를 들어, 자신이 겪은 하루의 일과를 기록하는 일지 등을 쓰기 위해서는 시간적인 매듭을 항목으로 세워 나가면 하나의 시간적 구성이 된다.

> 조동 2리에서 벗어나 8백 미터의 대성 안을 향하여 부지런히 걷는다. 오후 네 시 반, 영마루에 걸린 해가 저 뒤로 떨어져 버렸다. 어둠이 내리는 게 아니라 숨어 있다가 차차 검은 안개처럼 퍼지는 것만 같다. 산바람은 훈훈한 가운데에도 칼날처럼 날카로운 냉기를 가지고 있다. 그 냉기가 바로 산의 느낌일 것이다. 시냇가에 앉아 쌀을 일고 버너를 켜서 간단히 식사를 한다. 잠시 후 밥이 익은 듯하다. 선 밥일망정 맛있게 먹고, 다시 배낭을 들쳐 메고 대성 안에 도착한다. 8백여 미터의 고산지대라고는 하지만 마을만으로 봐서는 그것이 실감되지 않는다.

⑤ 공간적 구성 : 공간의 이동

공간적 순서에 따른 구성법이란 사물의 공간적 배치 관계에 따라 글의 줄거리를 짜는 것을 말한다. 이 구성법은 내부 구조, 학교 캠퍼스, 공원, 산과 들의 모습 따위를 나타내는 글을 구성할 때 많이 쓰인다. 때에 따라서는 사람의 용모 등을 서술하는 데도 이 구성법이 바탕이 된다. 많은 경우에 공간적 구성은 시간적 구성과 서로 어울린다. 특히 기행문과 같은 글에서 그러한 어울림이 이루어지는 일이 많다.

> '남도 답사 1번지'가 시작되는 곳은 나주부터이다. 번화한 광주 시내를 빠져나와 남평을 거쳐 나주 들판을 지나면서 비로소 남도 땅을 답사하는 느낌에 젖게 된다. 나주평야의 넓은 들 저편으로 뻗은 산등성이의 완만한 곡선이 시야로 다가온다. 평평한 들판은 그지없이 넓은데도 산은 가깝게만 느껴지니 참으로 이상스럽다.

연습 5

1. **다음을 소주제문으로 하여 두괄식 단락을 완성하시오.**

   • 책은 마음의 양식이다.

2. **다음을 소주제문으로 하여 미괄식 단락을 완성하시오.**

   • 자연 보호는 한두 사람의 힘만으로 가능하지 않다.

3. **다음을 소주제문으로 하여 양괄식 단락을 완성하시오.**

   • 공공장소에서는 금연을 해야 한다.

3) 단락의 전개 방식

① 주제에 대한 대립 명제와 동의 명제를 이어간 전개: 필자가 예상할 수 있는 반론에 대한 반박과 나의 주장에 대한 옹호의 형식과 같은 전개

② 세부 사실과 특수성을 강조한 전개: 특수성의 확장(지정); 'A란 무엇인가?', '우리는 어떻게 해야 할 것인가?'라는 질문에 대답하는 방식으로 A의 특수한 사실을 이야기하는 방식.

③ 구체적인 예시에 의한 전개

④ 비교나 대조에 의한 전개

⑤ 유추에 의한 전개: 유추되는 두 개의 사물은 서로 다른 범주에 속해야 하며, 두 사물 사이에 형태, 행위, 속성 등의 결정적 유사성이 있어야 한다.

⑥ 이유를 제시한 전개.

⑦ 논리적 형식 혹은 중요도의 순서에 따른 전개: 이유를 제시하며 전개하는 방식과 비슷하다. 일반적 논술에서는 중요성이 덜한 것부터 시작해서 중요한 이유를 맨 나중에 제시하며 확장시킨다.

⑧ 인과 관계에 따른 전개: '원인-결과', '결과-원인'의 순서로 전개. 일반적으로 앞의 문장이 주제문이다.

⑨ 명료하게 다듬고 재진술한 전개: 소주제나 소주제문이 재진술됨으로써 그것들의 뜻이 명확해짐.

예) 앞의 내용 부연 → 이미 말한 내용을 스스로 반박 → 앞 내용을 예시로 부연 → 앞의 내용 부연

⑩ 선택 가능한 것들을 제거한 전개: 소주제, 명제를 실증함에 있어서 선택될 수 없는 것을 선택한 다음 그것을 차례로 지워 가며 글을 전개하는 방식.

연습 6

다음을 각각 소주제로 하여 네 단락의 글을 지어보시오.

- 1단락: 내가 바라는 미래의 나의 모습(미괄식)
- 2단락: 그 꿈을 가지게 된 과정(시간적 순서)
- 3단락: 나의 부족한 점(두괄식)
- 4단락: 발전 방향이나 개선 사항(양괄식)

<table>
<tr><td colspan="2">제목:</td></tr>
<tr><td rowspan="2">학과:</td><td>학번:</td></tr>
<tr><td>이름:</td></tr>
</table>

3

문장

1) 정확한 문장

글을 쓸 때는 무엇보다도 문법에 맞는 정확한 문장을 써야 한다. 문법에 맞지 않는 부정확한 문장을 비문이라 한다. 어떤 경우에 비문이 되는지 알아보자.

(1) 문장 성분의 결여, 불필요한 성분의 중복

주어나 서술어, 목적어 등 문장을 구성하는 데 꼭 필요한 성분이 결여되었을 때 비문이 된다. 그런데 우리말은 주어를 비롯한 문장의 성분이 비교적 쉽게 생략되는 특성을 가지고 있다. 하지만 생략하는 경우는 문맥을 통해 쉽게 그것을 파악할 수 있을 때에만 한정된다.

> **보기 1** 장차 이 나라의 주역이 될 기둥이므로 우리는 청소년을 잘 보호하고 선도해야 한다.

이 문장은 주어가 빠져 있다. '기둥이므로'라는 서술어와 관련되는 주어가 없어서 완전하지 못한 문장이 된 경우이다. 이 문장은 다음과 같이 고쳐 주어야 한다.

수정 1 청소년은 이 나라의 주역이 될 기둥이므로 우리는 그들을 잘 보호하고 선도해야 한다.

보기 2 목표를 명중시키려고 정신을 모아 정곡을 노려보던 사수가 맞추고 난 후의 심정이라고 할까?

이 문장은 목적어가 없다. '맞히다'는 타동사이므로 무엇을 맞혔는지 그 목적어를 분명히 밝혀주어야 완전한 문장이 된다. 다음과 같이 고쳐야 한다.

수정 2 목표를 명중시키려고 정신을 모아 정곡을 노려보던 사수가 과녁을 맞히고 난 후의……

또한 반대로 문장의 성분이 중복이 되어도 비문이 된다.

보기 3 이 작품은 작가의 젊은 시절의 사랑이 이 소설에 그대로 반영되어 있다.

이 문장의 경우에는 한 문장에 주어가 두 개이다. '작품은'과 '사랑이' 모두 주어의 형태를 갖추고 있다. 하나의 주어로 된 문장으로 만들어야 정확한 문장이 된다.

수정 3 이 작품은 작가의 젊은 시절의 사랑을 그대로 반영하고 있다.

연습 7

다음 문장을 올바르게 고치시오.

1) 성형 중독인 그녀는 얼굴에 식용유를 주입해서 망가졌다.

➡

2) 미진이가 혜미에게 가방을 주었는데, 그 보답으로 미진이에게 책을 선물하였다.

➡

3) 기범이는 영수를 만나서 길거리에서 이야기했는데, 인사도 없이 떠나가 버렸다.

➡

(2) 문장 성분의 잘못된 호응

문장의 여러 성분 간에 호응이 잘못되었을 때 비문이 된다. 문장의 기본 구조는 '주어+서술어'이다. 따라서 문장을 작성할 때 가장 먼저 고려해야 할 것은 주어와 서술어의 호응 관계이다. 특히 문장이 길어지거나 여러 개의 절이 합쳐져 만들어진 복합문일 때 이런 경우가 종종 발행한다.

보기 1 아뢸 말씀은 다름이 아니오라, 발표회에 부디 꼭 참석해 주시기 바랍니다.

이 문장의 경우 주어는 '말씀은'인데 서술어는 '주시기 바랍니다'이다. 서로 호응이 되지 않고 있다. 다음과 같이 고쳐 서로 호응이 이루어지도록 만들어야 한다.

수정 1 아뢸 말씀은 다름이 아니오라, 발표회에 부디 꼭 참석해 주십사 하는 것입니다.

다음은 문장이 문장의 접속의 과정에서 주어와 서술어 간의 호응이 잘 안 되는 경우이다.

보기 2 내가 사는 곳은 대흥동에 살다가 작년 8월에 삼천동 아파트로 이사를 갔다.

'내가 사는 곳'이 주어인데 '이사를 갔다'가 서술어여서 논리적으로 맞지 않는 문장이 되었다. 이런 경우에는 다음에서처럼 어순을 바꾸든지 두 개의 문장으로 나누어서 정확한 문장이 되도록 해야 한다.

수정 2 대흥동에 살다가 작년 8월에 지금 내가 살고 있는 삼천동 아파트로 이사를 했다.

내가 사는 곳은 삼천동 아파트이다. 대흥동에 살다가 작년 8월에 여기로 이사를 했다.

존댓말을 사용할 때도 문장 성분 간의 호응을 잘 살펴야 한다.

보기 3 할아버지께서는 돈이 계시므로 여행을 자주 간다.

'할아버지께서는'이라는 존댓말을 사용했기 때문에 뒤에 서술어도 존댓말로 바꾸어야 한다. '돈이 계시므로'에서의 '계시므로'는 돈을 높이는 것이 되므로 올바르지 않다. 이 경우에는 '있으시므로'가 맞는 표현이다.

수정 3 할아버지께서는 돈이 있으시므로 여행을 자주 가신다.

다음으로, 부사와 서술어 간의 호응도 살펴야 한다.

보기 4 그는 전혀 그것을 안다고 해 놓고서는, 이제 와서 딴소리를 한다.

이 문장은 부사 '전혀'와 '안다'는 서술어가 어울리지 않는다. '전혀'는 부정을 나타내는 서술어하고만 어울리기 때문이다. 다음과 같이 바꾸어야 한다.

수정 4 그는 그것을 잘 안다고 해 놓고서는, 이제 와서 딴소리를 한다.

연습 8

다음 문장을 올바르게 고치시오.

1) 개의 일반적인 습성은 냄새를 잘 맡고 아무것이나 먹는다.

➡

2) 시간이 있는 분들은 잠을 자기 바랍니다.

➡

3) 내 생각도 그들의 생각에 다르지 않다.

➡

(3) 같은 의미를 가진 말의 중복

같은 의미의 말을 반복하거나 불필요한 어휘를 남용하는 경우 잘못된 문장이 된다.

보기 1 기름진 옥토(沃土)가 잡초에 묻혀 있다.

'옥토'라는 말에는 '기름진'이라는 의미가 들어 있으므로 불필요한 중복이라 할 수 있다. 다음과 같이 고치면 훨씬 자연스러운 문장이 된다.

수정 1 기름진 땅이 잡초에 묻혀 있다.

보기 2 여태까지 허송세월을 보냈다.

'허송'이라는 말은 '헛되이 보내다'라는 의미를 가지고 있는 한자어이다. 그러므로 '보냈다'라는 말을 두 번 중복하고 있는 셈이다.

수정 2 여태까지 세월을 헛되이 보냈다.

연습 9

다음 문장을 올바르게 고치시오.

1) 두 명의 젊은 청춘 남녀가 동해 바다의 모래사장을 거닐고 있는 것을 두 눈으로 목격했다.

➡

2) 그러면 의미 변화는 왜 일어나는가 원인 면에서 살펴보기로 한다.

➡

(4) 접속의 혼란

문장이 둘 이상 결합되어 복문이나 중문이 되는 경우 문장의 길이도 길어지고 구성요소들 간의 관계도 복잡해지기 때문에 자칫 비문이 될 수 있다. 접속된 각각의 문장에서의 주어와 서술어의 관계, 접속하면서 생기는 부당한 생략 등을 잘 살필 필요가 있다.

보기 1 그는 학생이고, 나는 낚시를 좋아한다.

이 문장은 대등 접속을 잘못한 경우이다. 대등 접속의 경우에는 앞 문장과 뒤 문장에 대등한 내용이 와야 한다. 그런데 위의 문장은 서로 다른 차원의 내용이 들어 있어 비문이 될 경우이다. 다음과 같은 경우는 올바른 대등 접속이 된다.

수정 1 그는 학생이고, 나는 회사원이다.

한편 문장과 문장의 접속에서 자주 발생하는 문제는 부적절한 생략이다. 물론 문장을 접속할 때 공통적인 요소는 생략할 수 있다.

보기 2 철수는 빵을 먹는다. 영희는 밥을 먹는다.

수정 2 철수는 빵을, 영희는 밥을 먹는다.

위의 예문처럼 두 문장을 하나의 문장으로 접속할 때 공통적인 요소는 생략할 수 있다. 그런데 생략을 할 때는 의미적으로나 문법적으로나 동일한 요소일 경우에만 가능하다. 다음과 같은 경우는 잘못된 생략을 보여준다.

보기 3 인류는 자연을 지배하기도 하고 복종하기도 하면서 살아왔다.

'인류는 자연을 지배하다.'라는 문장과 '인류는 자연에 복종하면서 살아왔다.'라는 두 문장을 결합한 예이다. 그러나 '자연을'과 '자연에'는 형태상으로도 또 문법적으로도 동일한 요소가 아니므로 생략할 수가 없다. 다음과 같이 고쳐야 완전한 문장이 된다.

수정 3 인류는 자연을 지배하기도 하고 자연에 복종하기도 하면서 살아왔다.

연습 10

다음 문장을 올바르게 고치시오.

1) 그 아이는 화투와 노름이 판을 치는 가난한 시골에서 태어났다.

➡

2) 그들은 날마다 적당한 운동과 체육 이론을 열심히 연구하였다.

➡

(5) 어휘 선택이 잘못된 문장

단어의 의미를 잘못 알고 사용해서 비문이 되는 경우도 있다. 주로 어휘력의 빈곤이 그 이유이다. 평소 모르는 단어에 대해서는 사전을 찾아보아 정확한 의미를 알아두고 다양한 독서 활동을 통해 풍부한 어휘력을 길러 두어야 한다.

다음은 흔히 범하기 쉬운 어휘 선택상의 잘못이다.

보기 1 주가가 하락세로 치닫고 있다.

수정 1 주가가 하락세로 내리닫고 있다.

보기 2 실력의 월등한 열세로 경기에 졌다.

수정 2 실력의 상당한 열세로 경기에 졌다.

보기 3 충고를 주었다.

수정 3 충고를 하였다.

보기 4 나를 더욱 유혹시켰다.

수정 4 나를 더욱 유혹했다.

보기 5 다음 달 말까지는 예방 접종을 맞도록 해라

수정 5 다음 달 말까지는 예방 접종을 하여라.

보기 6 그 소방관은 생명을 무릅쓰고 불로 뛰어들었다.

수정 6 그 소방관은 생명의 위협을 무릅쓰고 불로 뛰어들었다.

보기 7 문설주를 베고 누었다.

수정 7 문지방을 베고 누웠다.

연습 11

다음 문장을 올바르게 고치시오.

1) 마개를 덮어 놓아라.

➡

2) 수석 합격은 열심히 공부한 탓이다.

➡

3) 술병을 움켜쥔 포동포동한 왼 팔뚝.

➡

(6) 중의적 해석이 가능한 모호한 문장

하나의 문장이 두 가지 이상의 의미로 해석될 수 있다면 바람직한 문장이라 할 수 없다. 정확한 의미 전달을 할 수 없기 때문이다.

보기 1 철수는 영희와 민호를 만나러 갔다.

이 문장은 두 가지 의미로 이해될 수 있다. 철수가 영희와 민호를 함께 만났다는 의미로도 해석되고, 철수가 영희와 함께 가서 민호를 만났다는 의미로도 이해될 수 있다. 이런 경우에는 흔히 쉼표를 사용하여 의미를 명확히 할 수 있다.

수정 1-1 철수는, 영희와 민호를 만나러 갔다.

수정 1-2 철수는 영희와, 민호를 만나러 갔다.

다음의 문장은 더 여러 가지 의미를 가진 문장이다. '~의'라는 표현은 의미가 모호할 경우가 많다. 가급적 구체적이고 명확한 표현으로 바꾸어 주어야 한다.

보기 2 아버지의 초상화가 있다.

수정 2-1 아버지가 그리신 초상화가 있다.

수정 2-2 아버지를 그린 초상화가 있다.

수정 2-3 아버지께서 소장하신 초상화가 있다.

연습 12

다음 문장을 의미가 서로 다른 두 개의 문장으로 고치시오.

1) 철수가 걸음을 걷는 것이 이상하다.

➡

➡

2) 박 선생은 누구나 다 좋아할 수 있는 분이다.

➡

➡

2) 간결한 문장

글을 쓸 때는 간결한 문장을 쓰는 것이 효과적이다. 간명한 표현으로 이루어진 문장은 독자가 피자의 의도를 쉽게 이해하도록 한다. 왜냐하면 간결하게 문장을 씀으로써 모호한 표현이나 난삽한 표현을 최대한 줄일 수 있기 때문이다. 이와 달리 문장이 지나치게 길어지면 독자에게 어색한 느낌을 주고 흥미와 이해를 반감시킨다.

인간 존재는 사회 내 존재이며, 그런 한에 있어서는 온갖 도덕적, 사법적 규범으로부터 결코 자유로울 수 없다는 점은 그 어떤 자유 지향의 예술인의 경우라 하더라도 부인

될 수 없는 이치이다. 그러나 이보다 먼저 선행되어야 할 인식은, 그 인간 존재의 개별적 위엄이며, 독자적인 생명체로서의 권리이다. 가능한 한, 이 위엄과 권리는 덜 억압되어야하며, 그런 차원에서도 도덕과 법을 행사하는 한 사회와 국가는 정당성을 가질 수 있다. 성 문제도 기본적으로 이러한 테두리에서 수용되고, 또 연구되어야 한다.

위의 예문을 보면 문장이 지나치게 길고, 단어가 중복되고 또 쉼표가 남용되어 글의 의미가 혼란스럽다. 이들을 간명한 표현으로 고쳐 보면 다음과 같다.

인간은 사회 내 존재인 한 온갖 도덕적, 사법적 규범으로부터 결코 자유로울 수 없다. 이는 그 어떤 자유 지향의 예술인의 경우라 하더라도 부인될 수 없는 이치이다. 그러나 이보다 선행되어야 할 인식은 그 인간 존재의 개별적 위엄이며, 독자적인 생명체로서의 권리이다. 가능한 한 이 위엄과 권리는 덜 억압되어야 한다. 그런 차원에서 도덕과 법을 행사하는 한 사회와 국가는 정당성을 가질 수 있다. 성 문제도 기본적으로 이러한 테두리에서 수용되고 또 연구되어야 한다.

종합 연습

1. 다음에서 잘못된 문장을 바르게 고치시오.

1) 이 법령은 이미 옛날에 제정되어 여러 재판에 적용했다.

➡

2) 민간 여객기를 피격한 만행은 스스로 자멸의 늪에 빠지게 되는 것이다.

➡

3) 아이들은 뱀이 징그러우면서도, 보기만 하면 잡으려고 한다.

➡

4) 헌데 주목할 사실은 그렇게 약간 냉소적으로 말하는 그 억양들 속에는 하나같이 지나간 세월의 상흔(傷欣)이 담겨져 있었다.

➡

5) 기재 사항의 정정 또는 금융기관의 수납인 및 취급자인이 없으면 무효입니다.

➡

6) 좋은 성적을 거두지 못한 이유는 시험을 너무 쉽게 생각하였다.

➡

7) 새해 들어 미국 캘리포니아주에서 전력 공급의 부족으로 인하여 제한 송전이라는 극단의 조치를 취하는 위기를 맞고 있다.

➡

8) 재해 대책 본부는 이번 중부 지방 홍수로 현재까지 재산 피해가 5백89억 원으로 집계되고 있지만 앞으로 더 증가할 것을 보인다.

➡

9) 출판사들은 번역 작업 지원과 독자의 시선을 끌기 위해 다양한 판촉 활동을 벌인다.

➡

10) 우리 시대에 이토록 다양한 책들이 등장한 데는 독서 인구가 급격히 증가했다.

➡

11) 훗날 베토벤이 경제적인 곤란을 겪은 것은 그가 시장에서의 실패가 아니라 오스트리아의 엄청난 인플레이션 때문이었다.

➡

12) 음악 시장의 성장이 느렸던 이유는 경제 요인으로 설명한다.

➡

2. **다음의 길고 부정확한 문장들을 간결하고 정확한 문장으로 고치시오.**

※ 아래 예문을 참고할 것

> 그녀는 나이도 나보다 네 살이 손위이고 직업도 흔히들 세상 사람들이 말하는 좋은 직업이 못되어서 후에 이를 알아버린 식구와 친구들에 원성도 들었지만 나는 진정 그녀를 좋아했다.
>
> ➡ 그녀는 나이도 나보다 네 살이 손위이다. 그녀의 직업도 흔히들 세상 사람들이 말하는 좋은 직업은 아니다. 그래서 후에 이를 알아버린 식구와 친구들에 원성도 들었지만 나는 진정 그녀를 좋아했다.

1) 내가 뒤 켠 마당에 쭈그리고 앉아 커다란 돌덩이를 젖히고, 상자에 넣고 비닐에 봉해 묻어두었던 그의 선물을 두 손으로 파내자 젖은 흙이 손에 달라붙고, 열 개의 손톱 밑에 가득 박힌 더러워진 손을 나는 오래 내려다본다.

➡

2) 많이 사귄다고 무조건 좋은 친구가 아니라 한둘이라도 좋으니 자신의 생각을 아무런 부담 없이 털어 놓을 수 있는 진정한 친구가 진짜 친구지 양적으로는 많아도 자기의 생각을 털어놓고 얘기할 수 없는 사람은 정말 외롭고 불쌍한 소외감을 느끼는 사람이라는 것이다.

➡

3) 대학 입시라는 첫 번째 관물을 뚫고자 초, 중, 고의 과정을 거치고 합, 불합격의 기로에서 수많은 경쟁자들을 물리치고 입학시험이라는 선발시험에 있어서 승자의 기쁨을 만끽하고 오늘과 같은 기쁨이 있을 수 있었던 것은 부모님의 지극하고도 정성스러운 뒷받침의 소산이었다고 생각해 보면서 내가 이런 부모님의 은혜에 보답하는 길은 대학생이 되어서 더욱 열심히 공부에 열중하여 장학생이 되어 드리는 것이 나에게 있어서는 현시점에 있어서의 가장 큰 목표이다.

➡

IV 올바른 글쓰기

1

글쓰기 절차

일반적인 글쓰기의 절차는 다음과 같다. 우선 글을 쓰려는 의도나 목적의 단계가 있다(구상과 주제 설정). 이를 드러내기 위하여 적절한 글감을 선택하고 자료를 찾아 정리하면서(자료 수집과 정리), 그것을 기초로 글의 뼈대를 세운다(소주제 설정 및 개요 작성). 이것을 기초로 실제로 각 단락을 작성하고(초고 작성), 마지막으로 이렇게 마련된 초고를 다듬는다(퇴고). 이를 정리하면 다음과 같다.

문제해결을 위한 계단

주제 설정 ➡ 자료 수집·정리 ➡ 개요 작성 ➡ 초고 작성 ➡ 퇴고

1) 주제 설정

주제는 글에서 글쓴이가 말하고자 하는 중심 생각이다. 주제가 처음부터 한정적으로 명확하게 설정되기는 어렵다. 어렴풋하게 무엇을 쓰겠다는 생각만 있을 때의 '무엇', 혹은 제목을 받고 글을 쓰라는 과제를 받았을 때의 제목은 흔히 가주제(假主題)라 한다.

예를 들어 '부와 인생', '표현의 자유와 사회 윤리', '민주주의와 여론 형성', '과학자의 윤리 의식' 등과 같은 것이다. 이는 너무 막연하여 글을 쓰기가 어렵다. 여기에 글쓴이의 태도와 가치 평가가 들어가도록 일정한 방향을 주어야 한다. 예를 들어 '표현의 자유와 사회 윤리'라는 가주제의 범위를 좁히고 발전시켜서 '사회 윤리와 상충하는 성 표현의 자유도 허용'이라고 하면, 글쓴이의 의도가 들어간 참주제가 된다. 글쓰기는 참주제가 설정되면 가능해진다. 여기에는 글쓴이가 말하고자 하는 생각, 즉 인생관과 세계관이 들어 있기 때문이다.

가주제	표현의 자유와 사회윤리
참주제	사회윤리와 성표현의 자유도 허용
주제문	민주주의 혹은 열린사회를 이룩하기 위하여 예술에서의 성 표현의 자유는 법으로 막아선 안 된다.

참주제가 완성되면 거기에 맞는 주제문을 써야 한다. 한정된 주제에 대한 의견이나 태도를 밝히는 하나의 완전한 문장을 작성하는 단계이다. 이 경우 의문문은 글쓴이의 관점이 명확히 드러나지 않기 때문에 주제문이 될 수 없다. 예를 들어 '사회 윤리와 상충하는 성 표현의 자유도 허용'이라는 참주제가 설정되었을 때, '민주주의 혹은 열린사회를 이룩하기 위하여 예술에서의 성 표현의 자유는 법으로 막아선 안 된다.'는 주제문을 작성할 수 있다.

연 습

다음의 가주제를 참주제로 만들고 주제문까지 만들어보시오.

1. 게임 중독의 원인이 무엇인지 찾아보자.

가주제	
참주제	
주제문	

2. 현대인은 왜 소외를 느끼는가?

가주제	
참주제	
주제문	

3. 인구불균형의 원인이 무엇인지 알아보자.

가주제	
참주제	
주제문	

2) 자료 수집과 정리

주제가 정해지면 글을 작성하는데 필요한 자료를 수집하여 정리해야 한다. 자료는 주제를 정확하고도 효율적으로 독자에게 전달하기 위한 것이므로, 주제를 뒷받침할 수 있도록 폭넓고도 확실한 내용으로 골라야 한다. 폭넓은 자료 수집은 글쓴이 자신이 미처 인식하지 못했던 관점을 보여 주기 때문에 문제 설정과 해결에 결정적 도움을 주기도 한다. 그래서 글쓰기 절차가 선조적(線條的)으로 정해져 있다기보다는 순환적이라고 말할 수 있는 것이다.

요즘은 인터넷 검색이 발달하여 필요한 정보를 손쉽게 구할 수 있다. 채택된 자료는 출처를 기록해 두어야 한다. 글을 쓰면서 인용하거나 근거를 제시할 때 아주 유용할 뿐만 아니라 표절 시비를 벗어날 수 있게 해 준다. 자료를 정리할 때에는 독자들의 관심을 불러일으킬 수 있는 요소가 풍부한 것으로 고르며, 동일한 사항이나 논점을 가진 것들은 한 테 묶고 주요 사항이냐, 부수 사항이냐를 따져서 분류하고 층위를 나눈다.

예를 들어 주제문이 '인간의 존엄성, 혹은 동물의 자유를 이룩하기 위하여 인간 사회에서의 반련동물의 위치는 어디인가?'란 주제문으로 글을 쓸 때, 수집한 자료를 다음과 같이 정리할 수 있다. 사회현상, 사건사고 중에서 반려동물 때문에 사회적 문제를 불러일으켰던 기사나 사건을 장르별로 또 시간 순으로 정리한 것이다.

1) 아이의 손을 물어뜯어 삼킨 허스키(2019.03.05.)

2) 케어 박소연씨 무분별 안락사(2019.03.12.)

3) 대구 애완견 학대(2018.05.20.)

4) 가수 최시원의 반려견에 물려 이웃 사망(2017.10.24.)

5) 로드킬 피하려다 교통사고(2016.02.23.)

3) 개요 작성

개요는 글의 전체적인 내용과 그 짜임새를 보여 주는 글의 설계도에 해당한다. 글쓴이가 무엇을 쓸 것인지 구상을 끝내고 주제를 설정하여 초고를 집필하기 전에, 미리 글의 짜임을 세워 보는 것이 개요 작성이다. 개요 작성은 무슨 이야기를 먼저 하고 나중에 하여 독자를 설득할 것인가를 생각해 보는 논리적인 순서 찾기이기 때문에 우리에게 사고하는 힘을 키워 준다. 개요에는 글의 제목, 주제문, 글의 구조 및 내용이 모두 포함된다. 주제문을 제외하면 저서의 상세한 목차와 같다고 생각하면 된다.

개요를 짜려면 먼저 글의 기본적인 구성을 알아야 한다. 글의 종류에 따라 다르지만 설명문이나 논설문 같은 실용문은 대개는 서론, 본론, 결론의 삼단 구조를 가진다. 서론은 논문에서 주로 쓰는 표현이지만 가벼운 글의 서두, 도입과 같은 의미로 생각하면 된다. 서론에서는 말문을 열어 글을 쓰게 된 의도나 배경을 주로 쓰고, 글의 구성에 대한 대략적인 안내를 할 수도 있다. 본론에서는 서론에서 제기한 문제를 여러 단락으로 나누어 체계적으로 서술하게 된다. 본론의 서술은 같은 성질의 것을 한데 묶는 분류 작업을 하고 내용의 층위에 따라 하위분류를 하여 배열하면 된다. 서론과 결론은 비교적 짧지만, 본론은 길어지는 것이 일반적이다. 결론은 글의 맨 뒷부분으로 서론의 문제 제기를 환기하고, 본론의 내용을 요약하고 정리하면 된다.

〈개요의 예〉

주제문	반려동물을 키울 때 주민들과 소통을 해서 타인에게 주는 피해를 최소화해야 한다.
서 론	반려동물을 키울 때 이웃에 대한 고려가 없어서 갈등 증가 추세
본 론	1. 반려동물과 인간의 유대 관계 2. 반려동물을 키우는 것의 문제 1) 털, 악취 등으로 인한 위생문제 발생 2) 소음, 공포감 조성 등으로 인한 주민 마찰 발생 3. 해결방안 1) 지자체 조례 제정 2) 주민과의 합의체 마련
결 론	반려동물을 키울 때 개인적 기호만 내세우지 말고, 다른 사람들과의 원만한 합의를 통해 피해 최소화

4) 초고와 퇴고

(1) 초고

초고는 주어진 문제에 대한 해결책을 작성된 개요에 따라 직접 글로 표현하는 단계이다. 집필할 때 고려해야 할 점은 우선 주어진 문제, 설정된 주제, 다음으로 글의 구성과 단락의 전개 방법과 문장의 적법성, 단어와 표현의 적절성 등이다.

글의 주제는 주어진 문제가 무엇이며 그 해결책이 무엇인가를 제시하는 것이므로, 이것을 벗어난 이야기들은 주제에 집중하지 못한 것이다. 글의 구성은 무슨 이야기를 먼저하고 나중에 할 것인가 하는 논리적인 순서 찾기이므로, 독자의 편에서 필자의 생각을 손쉽게 이해하고 설득될 수 있도록 구성해야 한다. 글의 서두에서 글의 짜임에 대하여 간단한 안내를 하고 각 요소들이 유기적인 관계를 맺도록 구성한다. 독자들이 글을 읽으면서 글의 짜임이 명쾌하게 보일 수 있도록 하여야 한다.

다음으로 단락의 전개 방법을 고려해야 한다. 각 단락이 하나의 소주제를 가지고 있어야 하며, 그 소주제를 충분히 뒷받침할 수 있는 근거들을 제시하여야 한다. 문장의 적법성이란 어법을 고려해야 한다는 것이다. 문법이란 문장을 이루는 가장 기본적인 규칙이므로 이것을 잘 지켜야 서로 간의 의사소통이 원만히 이루어질 수 있다. 단어와 표현의 적절성을 고려하는 것도 정확한 의사소통을 위하여 중요하다. 문학작품이 아니라면 사전의 뜻에 맞추어 써야 같은 의미로 전달될 수 있다.

처음부터 완성적인 글을 쓰기는 어렵다. 자신의 생각을 적절하게 표현할 수 있는 기술은 실제 연습을 통해서만 향상된다는 점을 기억하고 처음부터 무리한 욕심을 내기보다는 부족한 부분을 개선한다는 마음으로 차근차근 글을 쓴다. 초고의 주요 내용은 다음을 참조하여 쓴다.

〈서론-본론-결론의 주요 내용〉

구분	구성	주요내용
서론	도입과 문제 제기	글을 쓰는 동기(필요성과 목적)와 목적
		주제 제시: 문제 제기
		주제 범위와 기술 방향/방법 등에 대한 개요

본론	문제해결 방안 제시	본론 1	배경 및 기존 연구 요약 문제점에 대한 분석
		본론 2	여러 해결 방안 제시 분석, 예시, 인용, 실험자료, 통계제시
		본론 3	해결방안에 대한 입증/검증 해결방안의 구체화와 유효성 검증자료제시
결론	주제 재확인 및 제안		본론의 요약정리 주요 핵심해결 사항정리 새로운 과제에 대한 방향제시와 전망

(2) 퇴고

초고 작성이 끝나면 퇴고 과정을 거쳐야 한다. 퇴고는 초고를 다듬는 작업이다. 집필 전에 치밀하게 개요를 작성하였더라도 쓰는 과정에서 주제에서 벗어나는 부분이 생길 수도 있고, 생각의 정리가 덜된 상태에서는 비문이 생기기 마련이다. 초고를 작성한 후 어느 정도 시간이 지난 뒤에 퇴고하면 독자의 위치에 서서 객관적으로 글을 검토하는 데에 도움이 된다. 다 쓴 글을 소리 내어 여러 번 읽어 가면서 매끄럽지 않은 부분은 간결하게 고쳐야 한다. 초고가 완성되었다면 몇 가지 항목으로 나누어 점검하고 다듬어 본다.

퇴고 점검 사항	**체크**
제목은 적절한가?	
주제는 분명히 부각되었는가?	
주제와 관련이 없는 부분은 없는가?	
논지가 구체적으로 드러나 있는가?	
논리적 순서가 잘못되어 있지 않는가?	
본론에 쓴 예나 근거가 적절한가?	
독자가 쉽게 나의 생각을 이해할 수 있겠는가?	

독자가 오해할 소지는 없는가?	
하나의 단락 안에 두 가지 다른 논점이 들어 있지 않은가?	
문장은 어법에 맞는가?(비문, 부적절한 어휘, 번역 투)	
맞춤법과 문장 부호를 제대로 사용했는가?	

연 습

다음의 가주제 중 하나를 골라 글을 써 보시오. 참주제와 주제문을 설정하고, 개요를 작성한 뒤에 초고를 작성하는 글쓰기 절차를 지켜가며 써보시오.

외모지상주의, 반려동물, SNS

참주제	
주제문	
소주제	
개요 작성	

2

글쓰기 방법

어떤 대상이나 문제에 대하여 한 편의 글을 쓰고자 할 때, 우리는 그 쓸거리와 문제의 양상에 따라 문장의 조율과 글의 서술 방식을 선택하게 된다. 이때 문장의 종류와 서술 방식은 글의 목적과 글 쓰는 이의 의도에 따라 보다 효과적인 방법으로 구상된다. 글쓰기의 방식은 대개 다음과 같은 목적에 따라 나뉜다.

① 무엇을 알리기 위해 ➡ **설명**
② 무엇을 주장하기 위해 ➡ **논증**
③ 무엇을 잘 그려 내기 위해 ➡ **묘사**
④ 무엇을 이야기하기 위해 ➡ **서사**

글쓰기 방식은 위의 네 가지가 전부라고 할 수 없다. 일반적으로 대부분의 글을 위의 네 가지 목적이 섞여 있는 경우가 많다. 하지만 위의 네 가지로 나누어 설명하는 것이 글쓰기를 이해하는 데 많은 도움이 된다. 글쓰기 방식을 선택할 때에는 몇 가지 유념해야 할 조건들이 있다. 글 쓰는 이의 의도, 쓸거리의 종류와 성격, 그 글을 읽을 독자와의 상관관계, 이 세 가지가 그 전제 조건들이다.

첫째, 글 쓰는 이는 글을 통해 이루고자 하는 자신의 목적과 의도에 따라 글쓰기 방식을 달리 선택한다. 즉, 자신이 의도하는 글의 목표나 성격에 의해 적합한 글쓰기 방식을 택한다. 어떤 사실에 대해 무엇을 알리고자 하는 글인지, 자신의 주관적인 생각이나 느낌을 그냥 표출하고자 하는 글인지, 혹은 자기주장을 납득시킬 것을 목표로 하는 글인지에 따라 글쓰기 방식은 달라진다.

둘째, 쓸거리의 성격과 내용에 적절한 글쓰기 방식을 고려해야 한다. 가령, 대학 신입생들에게 각종 동아리에 대해 알리고자 할 때에는 설명의 방식을 택해야 하며, 자신의 감상적인 기분이나 계절에 대한 단상을 적는 글에는 묘사의 방식이 효과적이다. 어떤 사건의 추이를 보여 주는 글을 쓸 때에는 서사의 방식을 사용하게 되고, '현대 사회에서 광고의 의미'와 같이 자기주장이 요구되는 글에서는 사고를 조리 있게 밝히는 논증의 글을 쓰게 된다.

셋째, 그 글을 읽을 독자의 양상과 수준에 따라 효과적으로 진술해야 한다. 글 쓰는 이의 생각을 독자에게 효과적으로 전달하는 것이 글의 가장 중요한 목표인 만큼, 읽는 이들에 대한 고려를 배제할 수 없다. 설득력 있게 자기 생각을 밝히고 공감을 얻기 위해서는 효과적인 문장과 글쓰기 방식을 택해야 한다. 자신의 생각을 독자들에게 단순히 드러내 보이려는 글인지, 독자들로 하여금 그 정보나 사항들을 염두에 두게 하려는 글인지, 자신의 주장이나 판단을 따르도록 독자들을 설득하고자 한 글인지 등등 독자의 성격에 대한 설정이 필요하다.

이상에서 살펴 본 바를 고려하여 이루어진 대표적인 네 가지 글쓰기 방식은 설명, 논증, 묘사, 서사이다. 우리가 읽고 쓰는 대개의 글은 모두 이 네 가지 진술의 범주에 속한다. 이 네 가지 각각의 진술을 정확하게 익혀 효과적으로 쓰는 것도 중요하지만, 실제 우리는 글을 써 나가는 과정에서 같은 쓸거리를 가지고도 다양한 의도와 목표에 따라 다른 양식의 글을 쓸 수 있음을 경험하게 된다. 또한 한편의 글을 써 나가는 과정에서는 이 네 가지 글쓰기 방식을 각기 독립적으로 쓴다기보다 적절히 혼용해 쓰게 된다. 다시 말해서, 이 글쓰기 방식 가운데 어느 한 가지 방식이 일관되게 중심적인 성격을 갖는 것은 필연적이나, 다른 종류의 글쓰기 방식을 부분적으로 수용하는 것은 당연하며 불가피한 일이다.

1) 설명

(1) 설명의 개념

대학 생활에서 가장 자주 요구되는 글쓰기의 방법은 '설명'이다. 이는 사물의 본질을 규명하거나 그 실재성을 드러내 밝히는 기술 방법을 독자들에게 어떤 사실을 정의하여 알려 주고, 정보를 제공하고, 사물이나 상황을 분석해 보여 주는 것이다. 이는 네 가지 글쓰기 방식 가운데 가장 널리 쓰인다고 할 수 있다. 학교에서 이루어지는 강의 내용은 거의가 '설명'이라고 할 수 있다. 이는 묘사나 서사의 방식에 비해 객관적이며 과학적인 글에 속한다. 설명하는 글을 쓰기 위해서는 몇 가지 조건에 유의하여야 한다.

첫째, 글 쓰는 이는 쓰고자 하는 쓸거리에 대해 체계적이고 깊이 있는 지식과 안목을 지니고 있어야 한다. 그렇지 못한 경우에는 파상적인 차원에서 동어 반복만을 하게 되거나 오히려 불필요하고 어렵게 말하게 되며, 조리 있는 설명을 하지 못한 채 문제의 여러 측면을 종횡무진 넘나들게 된다. 어느 한 부분만 유독 확대해 글을 전개하는 것 역시 주의해야 할 점이다.

둘째, 글 쓰는 이의 개인적 감정이나 주관적인 생각을 가능한 배제해야 한다. 최대한 객관적이고 이성적인 태도로 문제들을 풀어 나가도록 하며 가능한 한 정확히 기술해야 한다. 간혹 독자들로 하여금 어떤 문제에 대해 객관적 설명을 얻게 하기 보다 글 쓰는 이의 주장을 받아들이도록 하려는 의도의 글이 있는데, 이는 이미 설명의 범주를 벗어난 글이라 할 수 있다.

셋째, 설명하는 글은 무엇보다도 읽는 이들의 이해를 우선으로 하는 글쓰기 방식이므로 읽는 이들의 수준과 취향을 고려해야 한다. 가령 '여성 문제'라는 쓸거리를 다룬다고 할 때, 일반 신문과 같은 대중적인 매체에 실리는 글에서는 대중적이고 폭넓은 독자를 대상으로 한 글을 써야 할 것이며, 보다 전문적인 독자층을 갖는 학술지 등에서는 좀 더 세부적이면서 전문적인 문제에 초점을 두는 글을 쓴다. 다양한 계층의 독자를 염두에 둘 경우와 전문적인 독자를 대상으로 할 경우는 각기 그 설명 방식이 달라질 수밖에 없으므로 독자에 대한 고려가 선행되어야 한다.

(2) 설명의 방법

① 지정과 정의

글의 머리말 부분에는 대상이나 사물의 대한 개념과 의미를 풀어서 제시하는 글쓰기 방법이 필요하다. 필자와 독자가 동일한 개념으로 공유하고 있어야 그것에 대한 설명이 올바르게 전달되기 때문이다. 이 같은 기술 방법에 지정과 정의가 있다.

지정은 어떤 사실이나 대상을 가장 간단히 가리키거나 밝히는 설명을 말한다. 이것은 "무엇이냐(누구냐)?" 하는 질문에 대한 해답의 형식을 띠고 나타나는 것으로 "무엇이다(누구다)." 하고 언어에 의해 그것의 신분이나 자격을 지적하는 방식이다. 말하자면 주제에 대해 가장 직선적 위치에 서는 기술 양식이라고 할 수 있다. 따라서 이 기술 양식의 묘미는 간단, 명백, 단순해야 한다는 점이다. 이 방식을 사용할 때는 필요 없는 수사나 복잡한 수식어 사용 등을 경계해야 한다.

"그녀의 신분은 무엇이냐?"	"그녀의 신분은 디자이너이다."
"저 건물은 무슨 건물이냐?"	"저 건물은 성당이다."

정의는 어떤 사물이나 개념의 내용, 성격 등을 명확하게 규정하여 명제 형식으로 서술하는 기술 방식이다. '사랑이란 무엇인가?', '우정이란 무엇인가?'에 대한 물음에 대답하는 것이 정의이다. 한 편의 글에서 중요한 비중을 차지하는 용어나 개념에 대한 정의는 그 글을 이해하게 하는 데에 필수적이다. 또한 어떤 단어나 개념의 의미를 보다 소상히 풀어서 정의하되, 그 글이 전개될 방향을 염두에 두면서 정의하여야 한다.

일반적으로 모든 단어들은 둘 이상의 의미를 가지고 있으므로 그 가운데 자기 글의 논지를 좀 더 정확히 드러낼 수 있는 정의를 택해 전개하여야 한다. 예를 들어, '대학'의 진정한 의미를 묻는 대학인들에게 '대학은 교육에 있어서 최고등급의 학교를 말한다.'와 같은 단순한 정의는 그다지 만족스러운 정의가 되지 못한다. 대학에서 이루는 학문의 진정한 목표는 무엇이며, 개인이나 사회에게 있어 대학은 어떤 존재로 비치는가? 등, 보다 깊이 있는 내용을 포함하는 정의를 요구한다고 할 수 있다. 따라서 글 쓰는 이의 해석과 의미를 부연해 갈 수 있도록 글의 논지에 필요한 정의를 내려야 한다.

정의는 외연적 정의와 내포적 정의로 나뉜다. 외연적 정의는 개념이 가리키는 대상을 열거하는 정의이다. 외연적 정의는 "척추동물이란 양서류, 조류, 어류, 포유류, 파충류를 의미한다."와 같이 설명한다. 내포적 정의는 개념의 내포를 기술하여 내리는 정의이다. 이것은 주로 유와 종차에 의한 정의이다. 정의는 의사소통의 정확성을 위해 필요한 것으로 필자와 독자 사이의 내용상 공유할 수 있는 부분이 있다는 전제에서만 가능하다. 정의의 설명 방식은 피정의항(정의되는 부분)과 정의항(정의하는 부분)으로 이루어진다. '언어'를 '말과 글로 사상과 감정을 나타내는 활동'이라 정의할 때, '언어'는 피정의항이며 나머지 부분은 정의항이다. 모든 정의는 이 등식을 기본적으로 갖는다.

피정의항	정의항 (種差 + 類槪念)
노예는	타인의 합법적 사유재산인 인간이다.
문학은	언어로 표현되는 예술이다.
언어는	말과 글로 사상과 감정을 나타내는 활동이다.

필자와 독자 사이에 공통의 기반을 구축하기 위해서는 정의가 다음 원칙에 의거해야 한다.

첫째, 피정의항은 정의항과 대등하여야 한다.

둘째, 피정의항은 정의항의 부분이어서는 안 된다.

셋째, 정의하고자 하는 용어를 되풀이해서는 안 된다.

넷째, 부정적인 진술이나 의문문의 형태가 띠어서는 안 된다.

다섯째, 평서문으로 진술되어야 한다.

여섯째, 대상에 대한 묘사나 서술은 정의가 아니다.

정의하는 방법은 크게 두 가지로 나뉜다. 그 의미를 글자 그대로 정의하는 사전적 정의를 '논리적 정의'라 하며, 글 쓰는 이의 해석이 첨가, 부연되는 경우를 '확대된 정의'라 한다. 우리가 대개 학문을 해 나가는 과정에서 자주 사용하게 되는 정의는 이 확대된 정의일 경우가 많다. 확대된 정의는 짧은 정의항만으로는 그 단어가 가진 복합적인 의미를 이해시키기 어려운 경우, 이 단어 속에 내재한 함축적이고 적용 가능한 폭넓은 정의까지를 드러내 보여 주려는 방법이다.

널리 퍼져 있는 문학 정의의 하나는 문학을 언어 예술이라 규정하는 것이다. 대개의 정의나 일반론이 그러하듯이 구체적인 문학 이해를 위해서 별 쓸모없는 말놀이이지만 하나의 편리한 출발점이자 거점이 되어 준다. 이러한 정의놀이의 하나로 우리는 '즐거움을 주는 글'이라는 생각을 첨가할 수 있다. 한 글이 가지고 있는 즐거움 제공 능력을 그 글의 문학성이라고 정의할 수도 있겠다는 뜻이다. 정보 전달을 근간으로 하는 글에 있어서도 즐거움을 줄 수 있는 가능성이 있는 만큼 그 글의 문학성이 잠재해 있다고 정의할 수 있다.

–유종호, 『문학이란 무엇인가』, 민음사

위 예문은 '문학'에 대한 일반적 정의를 내린 후 보다 상세한 의미를 덧붙이고 있는 글이다. 이러한 정의는 객관적이고 사전적인 정의라기보다는 대개 그 뒤에 전개할 자신의 논의를 위해 의미의 방향을 정하는 경우들이다. 즉, 자신의 주장이나 논지에 도움이 되는 쪽으로 정의를 풀어 나가는 것이다.

연 습

다음 단어들 중 하나를 골라 지정 또는 정의의 방법으로 설명해 보시오.

고향, 이순신, 여성주의, 인간, 소설, 사랑, 우정, 버킷리스트

2) 비교와 대조

비교와 대조는 둘 이상의 공통점과 차이점을 기술함으로써 각 대상의 특성을 설명하는 방식이다. 이는 설명하기 위한 대상을 이미 잘 알려진 사항과 견주어 비교하거나 대조하면서 글을 전개해 나가는 방식이다. 비교는 두 사물이 갖는 유사한 점이나 공통적인 면을 밝혀 설명하는 것이고, 대조는 차이점이나 구분되는 점을 들어 설명하는 것이다. 글 쓰는 이가 알고 있는 사실이나 읽는 이들이 알고 있을 만한 것들 가운데 비교와 대조가 가능한 부분을 대비시키며 글을 전개함으로써 보다 효율적인 설명을 할 수 있다.

예를 들면, 동일한 소재를 다룬 영화 두 편에 대한 감상문을 쓰고자 할 때 그 소재의 공통점을 비교하는 한편, 기법과 시각에서 드러나는 대조적인 차이점을 설명한다면 각각의 영화를 보다 잘 이야기할 수 있다. '현대의 미의식'에 관해 글을 쓴다고 할 때에는 일반적인 미의식이 갖는 공통점을 비교하면서 아울러 시대의 흐름에 따라 변천하고 있는 미의식의 차이점을 대조시키며 설명하면 효과적이다.

> 어떤 사람들은 인문 과학만을 중요하게 생각하고 자연의 원리 같은 것은 중요하게 생각하지 않는다. 그들은 자연이 어떠한 법칙에 의해서 움직이고, 자연 현상 위에 어떠한 질서가 있는지에 대해서는 별 관심이 없다. 그들의 머릿속에는 물질세계의 과학적 체계에 대한 개념 자체가 없는 듯하다. 자연의 신비에 관한 경외감과 그것을 합리적으로 이해하려는 노력은 숭고한 인간적 미덕이다. 과학적 사고가 결여된 그들은 인간 정신의 가장 아름다운 경험을 알지 못하는 음치가 되어 버린 것이다. 굴절 현상과 편광이 빛의 속성에서 비롯되는 것인 줄 모르고, 그것들이 마치 신비로운 영적 체험인 듯 말하는 사람들도 있다. 스스로 현명하다고 여기는 사람들 중에서 자연 현상에 대해서 신석기 시대 사람 이상의 통찰력을 지니고 있지 못한 사람들도 있다. 열역학 제2법칙을 아느냐는 질문은 셰익스피어를 읽었느냐는 수준의 질문에 해당된다는 사실을 우리 모두 깨달아야 할 것이다.
>
> 한편, 어떤 사람들은 자연 과학만 중요하게 생각하고 문화나 예술 같은 것은 여기(餘技)로 생각한다. 그들은 문학, 역사, 철학 등은 과학적 체계와 합리성을 지니지 못한 학문이며, 현실의 문제를 해결하는 데 별 도움을 주지 못하는 것으로 여긴다. 그들의 머릿

속에는 도식적으로 설명될 수 없는 인간 세계의 심오한 측면들에 대한 이해 자체가 자리 잡지 못한다. 그것들을 비합리적인 것이라 무시하기도 한다. 인문학적 상상력이 결여된 그들은 세계를 기계적으로 파악할 뿐, 영혼의 아름다움과 신비로움을 알지 못한다. 그것이 인간다운 삶에 어떤 영향을 미칠 것인가는 생각하지 아니하고 무조건 자연을 개발하려고만 애쓰며, 아름다운 석양을 쳐다보고도 빛의 파장만 생각할 수 있을 뿐 거기서 신성을 느낄 줄 모른다. 자신의 지식에 긍지를 지닌 사람 중에서 인문학적 상상력이 자연과학의 혁명적 발전에 촉매 역할을 하였다는 과학사적 사실을 외면하는 사람들이 있다. 겸허한 자세로 자연과 인간 세계의 신비를 알아내고자 한다는 점에서 자연 과학과 인문 과학은 궁극적으로 동일한 것이며, 과학적 체계와 합리성이랑 결국 진리에 도달하기 위한 하나의 불안전한 수단에 불과함을 깨달아야 할 것이다.

위 예문은 '인문 과학'과 '자연 과학'을 비교·대조하면서 두 학문의 특성을 설명하고 있다. 이런 전개 방식은 두 개념을 모두 상대적으로 강조하는 이점이 있는 한편 대비를 극명하게 하기도 한다. 하지만 주의해야 할 점도 있다. 대상들을 비교 또는 대조하는 일정한 기준이 반드시 있어야 한다는 점이다. 또한 자기가 쓰려고 하는 글의 논지나 목적에 맞도록 비교와 대조의 서술을 이끌어 나가야 한다는 점이다. 불필요한 세부 항목까지 일일이 비교하거나 대조시키지 말고 중심 논의를 살리기 위한 효과적인 방법으로 서술해 나가야 한다.

연 습

다음 대상들 중 하나를 골라 비교 또는 대조의 방법으로 설명해 보시오.

사랑과 우정, 빈대떡과 피자, 문과생과 이과생

3) 예시와 인용

설명하려는 대상이 추상적이거나 관념적일 경우, 적합한 예를 들어 예시와 인용의 방법으로 설명하는 것은 한층 효과적이다. 예시를 통해 설명하면 흥미롭기도 하며 그 적용의 예를 보여 주는 것까지 겸할 수 있다. 예시의 방법으로 설명할 때 유의해야 할 점들이 있다.

첫째, 설명하고자 하는 중심 생각이나 주제와 긴밀한 내용의 예를 들어야 한다. 논지의 극히 일부분만을 드러내는 예, 흥미를 위주로 하여 논지와 동떨어진 예를 들지 않도록 한다. 가능한 한 보편적인 예들 가운데에서 효과적인 예를 들 수 있어야 한다.

둘째, 예시의 방법은 추상적인 글을 구체화하는 흥미로운 전개 방식이긴 하나, 그 예에 따라 글의 품격이 좌우될 수도 있으므로 사례의 수준과 내용에 유념해야 한다. 글의 종류나 분위기에 알맞은 적절한 예를 드는 것이 중요하다. 진지하고 논리적인 글에 가벼운 신변잡기의 예를 든다든지, 평이한 개인적인 글에 무겁고 딱딱한 예를 드는 것은 적절치 않다.

셋째, 지나치게 특수한 예를 들거나, 너무 많은 예를 들지 않도록 한다. 예시의 목적은 일반적이고 구체적인 설명을 하기 위한 것이므로 보편적이고 이해가 가능한 예를 든다. 글의 효과를 위해 적절한 양의 예시를 드는 것 역시 중요하다.

연 습

다음 대상들 중 하나를 골라 예시 또는 인용의 방법으로 설명해 보시오.

내가 생각하는 가장 아름다운 사람, 현대 사회의 바람직한 아버지 상,
가치관 형성에 영향을 준 책

4) 구분과 분류

구분과 분류를 정의하면 둘 이상의 사물에서 종류를 가르는 작업이라고 할 수 있을 것이다. 답안지를 성적별로 분류하려면 성적이 A, B, C, D, F로 이미 '구분'되어 있어야 한다. 이것에서 보듯이 분류는 여러 개체를 비슷하거나 같은 성질을 가진 것끼리 묶는 것이고, 구분은 전체를 몇 가지로 나누는 것이다. 그러나 묶고 나누는 차이가 있을 뿐, 둘은 늘

함께한다. 즉, 분류를 하려면 구분이 되어 있어야 하고, 구분을 하려면 분류가 이루어져야 한다.

이때 계층적인 부류 조직의 상위에서 하위로 이행하는 방식을 구분이라고 하고, 그 반대의 경우를 분류라고 한다. 즉, 큰 항목을 작은 항목으로 잘게 나누어 설명하는 방법은 구분이고, 작은 항목을 큰 항목으로 나누어 설명하는 방법은 분류이다. 분류는 대상이 되는 사물이나 개념을 일관된 기준이나 추출한 성격에 따라 정리함으로써 일목요연하게 설명하려는 방식이다. 임의의 기준에 따라 구분만 하는 데 그쳐서는 안 되며, 쓰고자 하는 글의 목적에 맞도록 보다 효율적으로 분류하여야 한다.

> 문학 장르에는 시, 소설, 수필, 희곡, 평론이 있다. ➡ **구분**
>
> 두산(베어스) SK(와이번스) 한화(이글즈) 등은 프로야구단의 애칭이다. ➡ **분류**

일반적으로 구분·분류를 효과적으로 수행하기 위해서는 다음과 같은 세 원칙을 따르는 것이 좋다고 한다.

첫째, 각 계층마다 구분·분류하는 기준은 하나라야 한다. 가령 한국어의 계통은 어디에 속하는 것인가를 밝히고자 하는 경우, 세계의 많은 언어에서 한국어와 같은 말들을 분류해 내는 기준이 음운론에 의거한 것이었으면 다른 어족을 분류할 때도 음운론을 기준으로 해야 될 것이라는 뜻이다. 둘째, 하위의 종속적인 계층은 그것이 직접 소속되는 하위의 계층을 남김없이 구명하여야 한다. 셋째, 첫 계층에서 적용된 구분·분류의 원칙은 후속 계층에까지 일관되어야 한다. 이것이 파탄을 일으켰을 때 문장은 전후의 맥락이 제대로 잡히지 않는 지리멸렬한 것이 될 우려가 있다.

아래 예문은 학문을 다섯 가지 전공으로 분류하여 설명하고 있다.

> 대학에는 크게 다섯 가지 전공분야가 있다. 그 하나는 인류의 역사나 인간의 삶, 인생의 본질의 문제를 다루는 분야인 인문과학이다. 또 다른 한 분야는, 인간은 혼자서 살 수가 없으므로 두 사람 이상이 만나서 이룬 사회라는 집단 속에서 어떻게 살아가는지를 연구하는 사회과학이다. 세 번째 분야는 자연이 운행되는 이치를 알고자 자연세계를 연구하는 분야로 기초자연과학이라고 한다. 이 밖에 그런 자연이 운행되는 이치에 대한 이해

를 토대로 인간의 삶을 편리하고 쾌적하게 만드는 것을 연구하는 응용과학분야가 있다. 다섯 번째 분야는 우리를 둘러싸고 있는 이 자연, 사회, 인간의 세계에서 아름다운 것, 유쾌한 것, 신나는 것, 기쁨을 주는 것들을 발견하여 표현하고 탐구하는 예술분야이다.

연 습

다음 대상들 중 하나를 골라 분류 또는 구분의 방법으로 설명해 보시오.

직업의 종류, 대학축제의 행사, 미팅의 종류와 방법

5) 분석

분석은 어떤 대상을 그것을 구성하고 있는 요소나 분자들로 나누어서 각 부분의 상호 관계, 연관성, 기능, 가치, 의미 등을 밝혀내는 방법이다. 이 방법은 부분을 복수로 지니고 있다고 생각되는 대상에 대해서만 적용될 수 있다. 우리는 대상으로서의 개, 말, 나무, 그림들을 분석할 수가 있고, 이념으로서는 민족중의나 종교 등을 분석할 수 있다. 분석은 그 대상에 따라 물리적 분석과 개념적 분석의 둘로 나뉘기도 한다.

① 물리적 분석

대상의 구성 부분을 공간적으로 분해해 낼 수 있는 경우, 우리는 그것을 물리적 분석이라고 한다. 가령, 시계 수리공이 시계를 수리하는 경우 그 부분품은 하나하나 따로 떼어져 공간적으로 분해가 가능하다. 이때의 시계 수리공의 분해가 물리적 분석에 비해질 수 있는 것이다. 그러나 대부분의 경우에 있어서 우리의 분석 대상이 되는 관념이나 개념 등은 태엽이나 초침처럼 공간적으로 확연히 분해되지 않는 것들이다.

② 개념적 분석

개념적 분석이란 심리적인 분석을 뜻한다. 한 관념은 또 다른 관념에 의해서만 분석이 가능할 뿐이다. 예컨대 '민족주의 이념'은 인간의 동기, 자세, 이해관계에 의해서만 분석될 수 있다. 그리고 우리의 설명 기술로서 문제되는 것이 바로 이와 같은 성격의 분석이다. 한편, 분석은 분석할 대상이 구조를 가지고 있을 때만 가능하다. 이 경우 구조란 그 각 구성 분자가 유기적으로 조직되어 있을 것을 전제로 한다.

또한 효과적인 분석은 대상의 구조를 분해하는 데 그치는 것이 아니다. 분석은 분해된 부분들의 상호 관계를 밝혀내기도 하고 전체 구조 속에서 그것이 가지는 위치와 기능도 아울러 명백히 드러내 주는 것이기도 하다. 예컨대 정치학자가 우리나라의 정치 구조에 대해 분석을 가하는 경우 그 분석은 거기에 입법·행정·사법부가 있다는 것을 지적하는 것으로 충분하지 않다. 그의 분석은 반드시 그들 각자가 가지는 의의에까지 그 범위가 미칠 것이다.

어떤 기준에 따라 대상을 유형화하는 것이 분류임에 비해, 분석은 설명하고자 하는 대상이 있을 때 그 대상을 이루는 각각의 요소 및 관계를 밝히려는 것이다. 이는 하나의 사실을 중심으로 하여 그것을 이루고 있는 각 성분과 요인, 나아가 그것을 중심으로 관계 맺은 문제들을 체계 있게 드러내 준다. 따라서 분석에서는 부분과 전체에 대한 관계를 반드시 고려해야 하며, 자신이 쓰려는 글의 목적을 염두에 두면서 분석의 방향을 결정해야 한다.

분석의 방법에는 '어떻게 각 부분들이 기능을 하고 있는가' 하는 물음을 전제하는 기능적 분석, '그 사실의 원인, 혹은 결과는 어떻게 추론할 수 있는가'를 분석하는 인과적 분석, '어떤 사실들이 시간의 순서대로 어떤 변화가 있었는가'를 분석하는 연대기적 분석 등이 있다.

아래 예문은 '시혜'하는 마음의 세 가지 동기를 분석하고 있다.

칫솔 한 개를 베푸는 마음도 그 내심을 들추어 보면 실상 여러 가지의 동기가 그 속에 도사리고 있음을 우리는 겪어서 안다. 이를테면 그 대가를 다른 것으로 거두어들이기 위한 상략적(商略的)인 동기가 있는가 하면, 비록 물질적인 형태의 보상을 목적으로 하지는 않지만 수혜자 측의 호의나 협조를 얻거나 그의 비판이나 저항을 둔화시키거나 극단적인 경우는 그의 추종이나 굴종을 확보함으로써 자기의 신장을 도모하는 정략적(政略的)인 동기도 있으며, 또 시혜자라는 정신적 우월감을 즐기려는 향락적(享樂的)인 동기도 없지 않습니다. –신영복, 『감옥으로부터의 사색』, 돌베개

연 습

다음 대상들 중 하나를 골라 분석의 방법으로 설명해 보시오.

자신의 대학 입학 준비 과정, 글쓰기의 즐거움, 성의 상품화

3

논증

1) 논증의 개념

논증은 아직 명백하지 않은 사실이나 원칙에 대하여 그 진실 여부를 증명하는 것이다. 즉 어떤 대상이나 사안에 대하여 자신의 주장으로 독자를 설득하게 위해서 논리적인 근거를 들어 주장을 하는 서술 방식이다. 그냥 주장을 펼치는 것으로 그치지 않고, 이유를 대는 이유는 그 주장을 독자가 받아들이지 않고, '왜?'라고 반문하기 때문이다. 그런 점에서 논증은 '왜?'에 답하는 글이다. 그러므로 사건, 문제, 의견, 판단의 대립이 논증적인 글쓰기의 기본 조건이다.

2) 논증의 특징

논증은 자신의 독자적인 주장을 가지고 있어야 한다. 또한 이를 증명할 수 있는 논리적 근거가 있어야 한다. 이때 주장은 하나이어야 하고, 주장을 뒷받침 하는 근거는 하나 이상이어야 한다. 주장이 앞에 놓이느냐 뒤에 놓이느냐에 따라 연역 논증과 귀납논증으로 나뉜다.

3) 논증의 방법

(1) 명제

명제는 어떤 판단을 언어로 표현한 것이다. 필자의 주장은 논증에서 명제의 형식으로 제시된다. 논증의 명제는 대개 세 가지로 구분된다.

첫 번째는 사실 명제이다. 사실 명제는 분명한 사실을 토대로 그 사실에 대한 옳음, 그름에 대한 판단을 필요로 한다. 두 번째는 가치 명제이다. 가치 명제는 사건이나 문제에 대해 좋고, 나쁨의 정도를 따져서 가치에 대한 판단을 제시하는 것을 말한다. 세 번째는 정책 명제이다. 정책 명제란 사건이나 문제가 왜 그렇게 되었는가. 또는 될 수밖에 없었는가의 당위성과 그러함의 적절함, 부적절함을 따져서 옳고 그름을 밝히고 주장함으로써 상대방으로 하여금 믿게 하는 것이다.

한글은 과학적이고 조직적인 문자이다. ➡ **사실 명제**
인간의 본성은 선하다. ➡ **가치 명제**
공무원은 청렴결백해야한다. ➡ **정책 명제**

한편 논증을 위한 명제에는 단일해야 한다. 설혹 확장된 논증의 경우 명제가 복수로 주어졌을지라도 그 명제 각자는 단일해야 하며 또 개별적으로 다루어져야 한다. 또한 명제는 명료하고 공정하여 선입견이나 편견이 없어야 한다.

(2) 논거

논증에서 주장의 근거를 논거라고 한다. 가령 우리가 필요한 과정을 거쳐 한 주장을 내세웠다고 하자. 상대방은 그대로 우리 주장을 정당하다고 해 주지는 않을 것이다. 그들은 말할 것이다. "백문이 불여일견이요, 그 증거가 무엇인가를 보여 주시오." 즉, 논증에 의해 주제(결론)를 확립하는 과정에는 필연적으로 추론이 있게 된다. 그런데 추론의 토대가 되는 것은 근거의 확실성과 방법의 타당성인 것이다. 근거의 확실성을 보장하는 것이 바로 논거이다. 논거에는 사실 논거와 소견 논거가 있다.

어떤 사실을 논거로 쓸 때, 그 사실의 확실성이 이미 인정되어 있는 것이 아니라면 증거를 댈 수 있어야 한다. 어떤 사람의 의견을 논거로 쓸 때에도 그 의견의 주인은 그 분야의 전문가여야 한다. 의견 논거의 신뢰도는 그 전문가의 권위에 비례하기 때문이다.

(3) 추론

추론은 이미 알고 있는 명제(전제)에서 새로운 명제(결론)를 이끌어 내는 과정이다. 주장을 세우고 논거를 찾아 그 주장의 타당성을 밝히는 논증 과정을 추론이라고 한다. 우리가 내린 결론을 위해 논증이 잡혀졌다 해도 그것의 정당 여부를 밝히지 않으면 안 된다는 것이다. 그리고 그것은 추론에 의지할 수밖에 없다. 이런 의미에서 추론은 논증의 핵심이 된다고 할 수 있다. 추론의 방법에는 보통 귀납적 추론에 의거하는 것과 연역적 추론에 의거하는 것이 있다.

귀납적 추론은 특수한 사실을 전제로 하여 일반적인 사실 내지 현상으로서의 결론을 이끌어 내는 방법이다. 이에는 다시 일반화와 유추가 있다. 일반화란 일정한 부류의 개별적 사례에서 시작해서 같은 부류의 나머지 모든 사례도 같은 것이 되리하고 추단하는 추론 방법이다. 다음과 같은 유형을 이룬다.

나비, 매미, 잠자리, 개미는 알을 낳는다. ➡ **특수한 사실**
나비, 매미, 잠자리, 개미는 곤충이다. ➡ **공통점**
그러므로 곤충은 모두 알을 낳는다. ➡ **결론**

일반화에서 유의해야 할 점은 귀납적 비약이라고 불리는 오류이다. 예를 들어, 우리가 어느 학교에서 한 학급에 있었던 낙제에 대해 결론을 내렸다고 하자. 그 학급에서 낙제한 학생은 여섯이었는데, 학생 A, B, C, D, E의 다섯 학생까지를 조사했더니 그들은 모두가 성적 불량으로 낙제되었음이 드러났다. 여기서 우리가 낙제는 곧 성적 불량의 결과라는 결론을 내렸다면 그것은 다분히 귀납적 비약을 범할 위험성을 내포 하게 되는 것이다. 왜냐하면 그 가운데 한 사람이라도 다른 이유, 예컨대 질병에 인한 장기 결석으로 하여 출석 미달로 유급이 된 학생이 있다면 이 결론이 부당한 것이 될 우려가 있기 때문이다.

이와 같은 오류를 피하기 위해서 다음과 같은 사실들에 유의해야 한다. 첫째, 충분하고도 필요한 만큼의 상당수의 사례가 검토되어야 한다. 둘째, 검토된 사례는 그 부류 가운데 가장 전형적이어야 한다. 셋째, 만약 반대되는 사례가 있다면 반드시 해명되어야 한다.

연역적 추론은 일반적인 지식이나 보편적인 원리를 전제로 하여 특수한 지식이나 원리를 도출하는 방식이다. 독자들은 전제에 대하여 수긍하기 때문에 자연스럽게 결론에서의 새로운 결론도 쉽게 받아들일 수 있다. 연역적 추론의 전형적인 경우는 삼단논법이다. 고전적인 삼단논법의 형식은 대전제와 소전제의 두 전제와 결론으로 구성된 것으로 다음과 같은 유형을 이룬다.

> 모든 사람은 죽는다. ➡ **대전제**
> 소크라테스는 사람이다. ➡ **소전제**
> 따라서 소크라테스는 죽는다. ➡ **결론**

위 논증에서 〈사람들이 모두 죽는다〉와 〈소크라테스는 사람이다〉는 전제를 모두 참이라고 가정할 경우 결론인 〈소크라테스는 죽는다〉 역시 참이 된다. 삼단논법에서 유의할 점은 전제에 포함되지 않는 개념이 결론에 나타나서는 안 된다는 것이다.

연 습

다음 대상에 대해 찬성, 반대의 입장을 정하고 주장하는 글을 써 보시오.

1. 안락사

2. 사형제도

4

묘사와 서사

1) 묘사

(1) 묘사의 특성

묘사는 어떤 대상이나 현상을 있는 그대로 그림을 그리듯이 구체적으로 표현하는 서술 방식이다. 어떤 대상을 그려 보인다 해도 그 목적이 그 대상에 관한 정보나 지식의 전달에 있는 것이 아니고, 그 대상에서 받은 인상을 전달하고자 하는 데 있다는 점에서 설명과 다르다. 따라서 묘사에 있어서는 읽는 이로 하여금 대상에 대한 어떤 인상이나 체험을 구체적이고도 생생하게 떠올릴 수 있게 하는 것이 중요하다. 대상의 형태, 색채, 촉감, 향기, 소리, 맛 등 제반 감각 작용의 활용, 구체적인 상황의 제시, 참신하고 생동감 있는 언어 등은 효과적인 묘사를 위해 유념해야 할 중요한 요소들이다.

(2) 묘사의 종류

묘사는 글 쓰는 동기와 목적에 따라 설명적 묘사와 암시적 묘사로 나뉜다. 전자는 대상에 대해 정확한 정보를 제공하는 데에 그 목적이 있고 후자는 대상에서 받은 인상이나 느낌을 가능한 한 생생하게 전달하는 데에 초점이 있다. 따라서 전자에는 과학적이고 객관적인 글쓰기가, 후자에는 읽는 이의 상상력을 자극하여 심미적 즐거움과 감동을 줄 수 있는 글쓰기가 요구된다.

설명적 묘사는 주로 정보 전달에 목적이 있는 글에서, 그리고 암시적 묘사는 주로 예술적 심상을 중시하는 문예문에서 흔히 사용된다. 하지만 이것이 엄밀하게 구분되어 사용되는 것은 아니다. 글 쓰는 목적과 동기에 따라 혹은 동일한 글 속에서도 문장의 흐름이나 대목의 성격에 따라 이러한 서로 다른 묘사의 방법들이 적절하게 섞여 사용될 수 있다. 따라서 어떤 대상을 소재로 묘사문을 쓰고자 할 때는 그것이 객관적인 외부 사실의 묘사에 초점이 맞춰져야 효과적인지, 혹은 암시적으로 전체적인 분위기나 느낌을 전달하는데 초점이 맞추어져야 할지를 우선 고려해야 한다.

예문 1 고색창연한 솟을대문에 비해 격에 맞지 않은 그 중문으로 들어서면 다섯 층계의 동계단 아래 땅이 우묵하게 꺼져 있는 쉰 평 정도의 너른 안마당이 나섰다. 선례 누나 뒤를 따라 잔뜩 주눅이 든 채 내가 그 집안 마당으로 옷 보퉁이를 끼고 처음 들어섰을 때, 옆집과 경계를 이룬 흙담 가생이의 수채를 겸한 개골창으로 벌써 잡초가 제멋대로 수북이 자라고 있었다. 그 개골창으로 중문 층계 아래 판자때기로 지은 변소에서부터 시작되어 있어 언제나 퀴퀴한 냄새를 풍겼다. 마당 가운데는 작은 연못이 있었고, 연못 주위로 청석을 얹혀 운치를 낸 정원이 꾸며져 있었다. 그 봉긋하게 솟은 정원의 갖가지 나무와 화초가 위채와 아래채를 웬만큼 가려 주었다. –김원일, 『마당 깊은 집』

예문 2 코울타르를 입힌, 거의 평면으로 보이는 지붕 위로 검은 고양이가 스멀스멀 걸어다니고 있다. 때때로 이른 아침 안개가 채 걷히지 않은 지붕 위로, 마치 오후 비듬처럼 떨어져 내리는 햇빛을 받으며 움직이는 고양이의 모습이 마치 환각인 양 보이곤 했다. 그때마다 나는 문득 가슴이 막히는 듯한 답답함에 아하 하고 한숨을 쉬곤 했다.

–오정희, 『불의 강』

예문 1은 휴전 직후의 어수선한 세월을 여러 가구가 얼키설키 살았던 '마당 깊은 집'의 풍경을 묘사하고 있는 글로서, 집의 모습을 비교적 사실적으로 재현하고 있다. 반면에 **예문 2**는 사실적인 광경의 묘사라기보다는 그 광경에서 받은 인상과 감정적 울림이 암시적으로 그려지고 있는 글이다. 무언가 딱히 이름 붙일 수 없는 주인공의 막연한 불안함과

불길함 그리고 답답함의 전달에 묘사의 초점이 있다.

(3) 묘사의 방법

어떤 대상을 효과적으로 묘사하기 위해서는 몇 가지 점들이 고려되어야 한다. 우선 묘사하고자 하는 목적이나 동기가 무엇인가 하는 점을 정확하게 파악하여 이에 맞는 묘사법을 사용해야 한다. 이는 정보를 제공하는 데 목적이 있는 것인가, 아니면 자신의 느낌이나 인상을 전달하는 데 목적이 있는 것인가에 따라 글 쓰는 방식이 달라지기 때문이다.

묘사할 때는 다음과 같은 점을 주의해야 한다. 첫째, 묘사를 통해 대상의 모습을 쉽게 연상할 수 있어야 한다. 둘째, 묘사는 일정한 순서를 따라야 한다. 위에서 아래로(아래에서 위로), 좌에서 우로(우에서 좌로), 전체에서 부분(부분에서 전체)으로 묘사해 나가야 한다. 셋째, 대상에 대한 입장을 분명히 해야 한다. 관찰자가 갖는 대상과의 정서적·심리적·지적·물리적 거리를 일관성 있게 해야 공간적 질서가 잡힌 좋은 묘사가 될 수 있다.

연 습

다음 대상들 중 하나를 골라 설명적 묘사 또는 암시적 묘사의 방법으로 설명해 보시오.

대학교 교정, 자신에게 강렬하게 남아 있는 인물, 가장 인상 깊었던 여행지

2) 서사

(1) 서사의 특성

서사는 시간의 흐름에 따라 인물의 행동이나 사건을 이야기 하듯이 서술하는 방식을 말한다. 이 기술 양식은 어떤 사건에 대하여 그 전개 과정이나 인물의 움직임을 생생하게 서술함으로써 누가 무엇을 했는지, 무슨 일이 일어났는지를 대상의 행동이나 발생한 사건으로 서술한다.

서사문은 문학적인 서사문과 비문학적인 서사문으로 구분하기도 한다. 문학적인 서사문은 소설을 비롯해 희곡, 영화 시나리오, 드라마 대본 등을 대표적으로 들 수 있고, 비문학적인 서사문으로는 신문 기사, 역사서술, 보고서 등을 꼽을 수 있다.

서사의 경우는 시간의 경과에 따른 변화라 할 수 있는 움직임이나 사건의 추이를 서술하는 것으로 무엇보다도 시간 인식이 중요시된다. 사건의 앞뒤 관계나 문맥적 연관성 등이 구체적으로 제시되어야 하는 것이다. 이런 점에서 본다면 서사란 일단 '사건의 시간적 진술'로 정의될 수 있다. 그러나 일정한 시간적 과정 속에서 일어나는 사건이라고 모두 서사가 되는 것은 아니다. 서사는 단순한 사건이나 상황의 기술이 아니라, '의미 있는 사건'을 시간적 전개 과정을 통해 기술하는 글쓰기 양식이다.

(2) 서사의 요소

서사가 사건을 다루는 데 있어 세 가지의 기본적 요소가 있다. 그것은 움직임, 시간, 의미이다.

① 움직임

서사는 움직이는 생명감을 가진, 생동하는 화상을 우리에게 제시하는 것이다. 따라서 서사는 움직이는 화상 자체에 역점이 있는 것이 아니라, 움직이는 대상의 움직임의 본질적인 의미를 강조하게 되는 것이다. 즉, 한 장면에서 다른 장면으로의 변이에 관련된 것이다. 이 변이의 속성으로 해서 서사는 단순히 "무엇이 발생하였는가?" 하는 데 해답뿐만 아니라 "어떻게 해서 발생하였는가?" 하는 질문에 대하여서도 해답까지 제시해야 한다. 움직임에 대한 이런 특별한 강조와 더불어 서사는 과정에 대한 설명이 아니고, 과정의 제시임을 기억해야 한다.

② **시간**

사건의 움직임은 한 시점에서 다른 시점에까지 이르게 되는 시간의 흐름 속에 있는 것이다. 따라서 서사의 시간은 단순한 시간의 단편이 아니고, 시간의 단위로서 존립하는 것인데, 이 단위라는 말은 그 자체로서 완전성을 가진 독자적인 것이라는 뜻을 내포한다. 물론 이 시간의 단위는 더 큰 시간의 작은 단위도 되고 더 작은 단위도 될 수 있으나 그것 자체로 완전한 것이어야 한다. 요컨대 시간은 그것 자체 속의 과정의 일체가 모두 완전히 충족되어진 것이어야 한다.

③ **의미**

서사의 사건은 단순한 일련의 사건이 아니라 유의적인 일련의 사건이다. 그런 견지에서 사건은 단순히 변화를 내포할 뿐만 아니라 의미 있는 변화를 내포하여야 한다. 즉, 움직임의 각각의 과정은 단순히 혼잡되어 있는 것이 아니라 한 요점을 중심으로 이루게 되는 포괄성과 그에 따라 생겨나는 통일성이 사건의 유의성에 중추를 이루게 된다. 만일 사건이 인간 존재에 관계된 것이라면 그러한 포괄성은 사건의 동기와 사건에 대한 인간 반응을 포함하게 되는 것과 같다.

> 전 민통련의장 문익환 목사가 18일 저녁 8시반경 서울 도봉구 수유2동 527의 30 자택서 과로와 노환으로 별세했다. 향년 76세. 문 목사는 이날 저녁 자택서 가슴이 답답하다며 갑자기 쓰러져 숨을 거둔 뒤 서울 도봉구 쌍문동 한일병원 응급실로 긴급히 옮겼으나 소생하지 못했다.
>
> –『동아일보』 기사, 1994.1.19.

이러한 기사는 다루고 있는 인물이 민주통일운동에 앞장선 인물로서 국민적인 관심과 사회적인 의미를 지니고 있기 때문에 기사로서 가치를 지닐 수 있다. 나고 죽는 일이 어느 누구에게서나 일어날 수 있는 일이라 할지라도 그것이 조국의 민주화와 통일을 위해 온갖 고난과 탄압을 받으며 살아 온 사람의 마지막이라는 점에서 사회적인 관심과 초점이 될 수 있기 때문이다. 이렇게 본다면 서사는 단순한 사건이나 상황의 기술이 아니라 의미 있는 사건을 시간적 전개과정을 통해 기술하는 글쓰기의 양식이라 정의할 수 있을 것이다. 사건, 시간, 의미 이것은 서사에 있어서 전제되어야 할 필수적인 조건들이다.

④ 서사의 방법

서사문을 쓰기 위해서는 우선 사건에 대한 기본적인 이해가 전제되어야 한다. 이는 사건을 구성하고 있는 요소들에 대한 체계적인 파악을 의미하는데, 이를 위해서는 인물의 성격이나 행위의 양태, 동기, 시간, 공간적 배경 등에 대한 유기적이고 종합적인 관계의 검토가 요구된다. '언제, 어디서, 누가, 무엇을, 어떻게, 왜'의 이른바 육하원칙을 토대로 해서 무슨 사건이 일어났는가 그리고 그것이 왜, 어떻게 전개되었는가를 함께 고려해야 하는 것이다. 특히 인물, 사건, 배경에 대한 충분한 검토는 서사문 작성의 가장 중요한 전제이다.

인물은 모든 사건, 행동의 근원지라는 점에서 서사에 있어서 핵심이 된다고 할 수 있다. 때로 인물의 성격이나 배경, 동기 등에 대한 검토가 곧 사건을 이해하는 기본 열쇠가 되기도 한다. 서사문에서 인물의 성격을 효과적으로 드러내기 위한 방법으로는 외양이나 대사, 행동 양식 등의 묘사를 사용할 수 있다.

사건은 이 인물과 행동이 결합되어 일어나는 것인데, 묘사에서 대상의 모든 세부 사항들이 전부 기술되지 않는 것처럼 서사에서도 일련의 사건들은 전체의 이야기의 흐름이나 의미에 비추어 선택·배열되는 과정을 거쳐야만 한다. 즉, 중심이 되는 사건과 주변적인 사건을 구분하고, 그것들을 나름대로의 질서와 체계를 부여하여 재배치하는 과정이 요구되는 것이다. 또한 이야기가 언제부터 언제까지에 걸쳐 일어난 것인지, 그 이야기를 어디에서부터 시작하고 어디에 초점을 맞출 것인지, 그리고 몇 단계로 나누어 이야기를 전개시킬 것인지 등에 대해서도 계획을 세워야 한다.

시간·공간적 배경은 사건의 파악에 도움이 될 수 있도록 구체적이고 생생하게 묘사하는 것이 효과적이다. 그러나 서사문의 성격에 따라 이에 대한 객관적이고 설명적인 묘사뿐 아니라 암시적이고 주관적인 묘사도 동원될 수 있다. 시간·공간적 상황은 때로 단순히 사건이 일어나는 장(場)으로서뿐 아니라 전체적인 분위기를 조성하고 인물이나 사건에 직간접으로 영향을 주는 요소로 기능할 수도 있기 때문이다.

서사의 구성의 원리는 크게 시간적 관계에 의한 것과 인과적 관계에 의한 것으로 나뉠 수 있다. 우선 서사문에서 사건들은 시간의 축을 따라 조직될 수 있는데, 그것은 시간의 계기적 발생 순서에 맞추어 전개될 수도 있고, 회상 형식으로 역전되어 전개될 수도 있다. 뿐만 아니라 각각의 사건들은 그들 사이의 논리적, 심리적, 혹은 사회적 연관성을 드러내야 한다는 점에서 인과적 관계에 의한 결합 원리에 조정되기도 한다. 가령 '왕이 죽었다.'와 '왕비가 죽었다.'의 두 가지 사실은 다음처럼 결합될 수 있다.

㉮ '왕이 죽고, 그 후에 왕비가 죽었다.' ㉯ '왕이 죽자 슬픔을 못 이겨 왕비가 죽었다.' ㉮의 경우는 시간적 선후 관계에 의해서 두 사건이 결합된 경우이고, ㉯의 경우는 여기에 다시 인과적 관계가 적용된 경우이다. ㉯는 ㉮에 비해 단순히 어떤 사건이 일어났는가 하는 점뿐 아니라 그것이 왜, 어떻게 일어났는가에 대해서도 해석의 근거를 제시하고 있다. 이러한 원리는 E. M. 포스터가 '스토리'와 '플롯'을 구분하기 위해 사용한 것으로, 효과적인 서사문을 쓰는 데 있어서의 구성의 원칙과 필요성을 환기시키고 있다. 한편 시점은 서사문에서 중요하게 다루어져야 할 본질 중의 하나이다. 그것은 누가 이야기하고 있는가 하는 점과 이야기하는 사람이 사건과 얼마나 관련되어 있는가에 따라 관여되는 문제이다.

연 습

1. 자신의 성장기를 시간의 흐름에 맞추어서 서술해 보시오.

2. 등굣길에 생긴 흥미로운 사건 중에서 학보지에 실린 만한 것을 기사문으로 작성해 보시오.

National Competency Standards

V 실용적 글쓰기

1

이력서

이력서는 자신이 지원하고자 하는 회사 또는 업무에 자신이 적합한 능력과 소양을 갖춘 사람임을 알리는 문서이다. 즉 이력서는 입사 지원에 꼭 필요한 서류로 '나'를 간결하고 명확하게 알리기 위해 자신이 지금까지 쌓아 온 학업, 직업, 경험 등을 밝혀 적어 놓은 글이다.

이력서에는 공식적으로 입증할 수 있는 개인의 인적사항, 학력, 경력, 자격, 수상 및 특기사항 등을 기록한다. 이력서는 취업을 위한 서류이므로 자신이 지원하는 기업이나 인사 담당자 입장에서 가장 중요하게 평가하는 요소가 무엇인지 고려하여 작성한다. 이력서는 회사나 기관에 따라 일정한 양식을 따로 정해 주기도 하고, 그렇지 않기도 하다. 이력서 작성 방법은 아래와 같다.

실용문이란 우리가 일상생활을 영위하는 데 실질적으로 필요한 글을 의미한다. 실용문은 구체적인 목적과 용도에 따라 관용적으로 사용되는 내용이나 형식이다. 그러므로 글의 종류에 따라 그에 맞는 특정한 서식과 양식을 이해하고 바르게 작성하는 것이 필요하다. 예를 들면 대학에서의 보고서나 논문, 취업을 위한 이력서와 자기소개서, 기업에서의 다양한 기획서 제안서 등이 모두 실용문에 속한다.

1) 이력서 작성 방법

구분		작성 방법
인적 사항	성명 및 생년월일	성명은 한글과 한자, 영문 모두 적고, 성명 뒤에는 서명을 한다. 생년월일을 기재하고, 만(滿) 나이를 기재한다. 생년월일은 주민등록증에 기재된 것을 적는다.
	주소	현 주소는 본인이 현재 거주하고 있는 주소를 쓴다. 실제 거주지와 다를 경우 주민등록상의 주소를 적는다.
	연락처	신속하게 직접 연락 가능한 휴대전화, 집 전화를 기재한다. 연락처와 전자우편(이메일 주소)을 혼동하지 않는다.
	사진	정장차림의 단정하고 밝은 인상을 주는 사진을 사용한다. 사진은 3개월 이내에 촬영한 것을 사용한다. 실물과 다르게 보이는 지나친 보정은 자제한다. 규격에 맞는 사진을 사용한다.
학력사항		고등학교 입학부터 최종학력까지 기재한다. 입학년월일과 졸업년월일을 함께 기재한다.
경력사항		업무와 관련된 경력위주로 최근 것부터 기재한다. 지원 분야와 관련된 교육, 연수, 인턴, 아르바이트 경험 등을 적는다. 근무기관과 관계기관 등도 명기한다. 남학생의 경우 군 복무 경력도 기재한다.
자격사항		지원 분야 및 관련 업무와 관련된 자격사항을 강조한다. 자격증과 면허증의 취득사항을 기재한다. 자격증을 부여한 공인기관, 관계기관을 적는다. 외국어 관련 공인 점수를 적는다.

수상 및 특기사항	지원 분야와 관련된 수상경력을 적는다. 자신의 장점을 잘 보여줄 수 있는 특기사항을 적는다. 교내외 행사 및 대회 참가, 수상 경력 등을 기록한다. 해외 언어 연수 및 인턴 활동, 각종 봉사활동 등을 기록한다.
마무리	마지막에 "위 내용이 사실임을 증명함", "위 기재 사항은 사실임을 확인합니다." 등의 문구를 기재한다. 하단에 작성년월일을 적고 그 아래 작성자 본인의 성명을 기재한 후 서명하여 마무리한다.

2) 이력서 작성할 때 유의할 점

① 인적사항, 학력, 경력, 자격, 수상 및 특기 사항 등을 한눈에 파악할 수 있게 한다.
② 응시부분 및 연락처를 반드시 기재한다.
③ 이력서는 복사본을 가지고 있어야 한다.
④ 오자, 오탈자, 맞춤법에 어긋나는 것이 없는지 확인한다.

〈기본이력서〉

사진	이 력 서			
	성명 (한자)	홍길동 (洪吉東)	생년월일 2001년 1월 1일	
			주민등록번호 010101-1○○○○○○	
주소	충청북도 청주시 흥덕구 신단로 54		연락처: 043-123-○○○○ 핸드폰: 010-1234-○○○○ E-mail: abc815@naver.com	
호주 관계	호주와의 관계	장남	호주 성명	홍○서

년	월	일	학력 및 경력사항	발령청
200	2	20	○○고등학교 졸업	
200	3	2	○○대학교 경영학부 입학	
200	2	20	육군 입대	
200	2	20	육군 만기 제대	
200	3	2	○○대학교 경영학부 3학년 복학	
200	2	22	○○대학교 경영학부 졸업 예정	
			자격 및 특기 사항	
200	10	15	워드프로세스 1급	대한상공회의소
	10	29	정보처리기사 2급	한국산업인력공단
200	8	5	TOEIC 970점	한국토익위원회
			PC활용능력(워드, 엑셀, 파워포인트, 프리젠테이션 등)	
			상훈 및 기타 사항	
			○○경제신문 논문 공모전 동상	○○경제신문
			성적우수장학금 2회 수혜	

위의 내용은 사실과 틀림없음.

2○○○년 11월 20일

작성자　홍○○ (인)

〈변형 이력서 1〉

사진	**이 력 서** 이 름: 성○향 본 적: 충청북도 청주시 흥덕구 34 주 소: 충청북도 청주시 상당구 101 주민등록번호: 780101-2○○○○○○ 연락처: 043-123-○○○○ 핸드폰: 010-1234-○○○○
	학력 및 경력
200 년 2월 12일	○○고등학교 졸업
200 년 3월 02일	○○대학교 경상대학 경제통상학부 입학
200 년 1월~11월	미국 LA에서 어학 연수
200 년 8월	미국 LA대 ELS 과정 수료
200 년 7월~8월	○○음료 총무부 인턴사원
200 년 2월 22일	○○대학교 경상대학 경제통상학부 졸업 예정
	상벌 및 특기 사항
200 년 8월	○○대학교 우수장학금 수혜
200 년 12월 5일	워드프로세서 1급(대한상공회의소)
200 년 5월 25일	토익 890점(한국토익위원회)
	과외 활동
200 년 3월~10월	경제통상학부 CNN청취부 부회장
	사회봉사 활동
200 년 6월~8월	○○종합복지관 보조교사 활동
200 년 6월~8월	○○농촌 봉사 활동(충청도 논산)

위의 사실과 틀림이 없습니다.

2○○○년 11월 20일

작성자 성○향

〈변형 이력서 2〉

1. 기초자료

<table>
<tr><td rowspan="3">사진</td><td rowspan="2">성 명</td><td>한글</td><td>이기자</td><td>성별</td><td>남</td></tr>
<tr><td>영문</td><td>Lee Ki Ja</td><td>연령</td><td>만 25세</td></tr>
<tr><td>주민등록번호</td><td colspan="2">○○○○○○-○○○○○○○</td><td>생년월일</td><td>○○. ○○. ○○</td></tr>
<tr><td>본 적</td><td colspan="5">대전시 중구 대흥동 100-10</td></tr>
<tr><td>현주소</td><td colspan="5">충청북도 청주시 흥덕구 34</td></tr>
<tr><td>연락처</td><td>전화번호</td><td colspan="2">010-1234-○○○○</td><td>E-Mail</td><td></td></tr>
</table>

2. 학력 사항

기간	출신학교	전공	소재지	기타
1998년 3월 ~ 2001년 2월	○○고등학교		서울	인문
2001년 3월 ~ 2006년 2월	○○○대학교	경영	대전	졸업 예정

3. 경력 사항

년 월 일			경력 사항	발령청
200	6	15	미국 UCLA어학연수(3개월)	UCLA대학
200	6	20	미국 UCLA의 ELS과정 수료	UCLA대학
200	9	1	봉사 동아리'도움'회장	○○대학교
200	6	20	○○건설 인턴사원(3개월)	○○건설
200	4	10	○○경제신문 경제논문 장려상	○○경제신문
200	7	5	농촌 봉사 활동(충청도 논산)	

4. 특기사항

년 월 일			특기 사항	발령청
200	7	20	제2종 보통 운전면허 취득	서울지방경찰청
200	10	9	토익 890점 취득	한국 토익위원회
			영어회화 번역 능숙	
			컴퓨터 사용 능숙(한글, 엑셀)	

위 사실이 틀림없음.

2○○○년 1월 30일

이○자 (인)

연 습

자신이 지원하고자 하는 기업이나 분야의 이력서를 미리 작성해 보시오.

1. 기본정보

〈사진〉	성 명		성별	
	주민등록번호		나이	
	주 소			
	전화번호		휴대폰	
	홈페이지주소			
	e-mail			

2. 학력사항

년/월/일	학 교 명	전공과목 및 학과

3. 경력사항

회사명	직위 및 업무내용	업무기간

4. 자격증 및 능력

취득년월일	자 격 증	발령청

5. 가족관계

성 명	관 계	생년월일	동거여부	기타

위 내용은 사실과 다름이 없습니다.

20 년 월 일

성명: (인)

2

자기소개서

자기소개서는 어떤 특정한 상황에서 자신이 누구인지를 소개하는 글이다. 이력서와 자기소개서는 취업을 위해 필수적인 서류이다. 이력서가 한 개인을 개괄적으로 이해할 수 있는 자료라면, 자기소개서는 좀 더 심층적으로 이해할 수 있는 자료로 활용된다. 따라서 자기소개서를 작성할 때는 글을 쓰는 목적을 정확히 인식하고 읽는 사람의 입장에서 쓰는 것이 필요하다. 좋은 자기소개서란 자신의 일대기를 밝히는 것이 아니라 현재의 자신을 만든 결정적 사건을 중심으로 서술한 것이어야 한다. 지원할 기업이나 기관, 업무 등을 미리 조사한 후 이를 고려하여 작성해야 한다.

자기소개서를 요구하는 이유는 다음과 같다.

첫째, 가정환경이나 개인의 성장 과정을 살펴보기 위해서다. 사람은 누구나 자기가 태어난 환경의 영향을 받으면서 자란다. 어떤 여건 속에서 성장했는가를 알고 나면 그의 성격이나 가치관을 짐작할 수 있고, 학교생활이나 서클 활동을 통해 그의 대인 관계나 조직에 대한 적응력, 성실성, 책임감, 창의성을 파악할 수 있다.

둘째, 그 사람의 전문성과 장래성을 살펴보기 위해서다. 이력서만으로는 알 수 없는 그의 지적 능력과 정신적인 자산을 알고자 한다. 이에 전공에 대한 지식과 삶의 태도나 인성이 드러나는 정신적인 자산 등이 드러나도록 써야 한다. 또 어떠한 동기로 입사 지원을 하게 되었고, 입사 후에는 어떤 각오로 일을 수행하려 하는가? 등을 통해 그가 늘 품고 있는 사람인지 아닌지 짐작할 수 있다.

셋째, 문장력이나 글 쓰는 솜씨를 통해서 그의 사람됨은 물론이고 사고의 폭까지도 파악할 수 있다. 자기소개서를 쓰면서 논리적 사고와 자신의 생각을 표현해 내는 능력이 고스란히 드러나기 때문이다. 그러므로 관련 서적에 실린 자기 소개서 예시의 형식을 빌리는 것은 좋지 않다. 남의 글의 구성을 빌려 자기의 이야기를 채우는 방식으로는 자기를 효과적으로 알릴 수 없다.

인사 담당자는 자기소개서를 읽다가 시선을 끌거나 중요하다고 생각되는 부분에 표시를 해 두었다가 면접 전형에서 질문의 기초 자료로 활용하기도 한다. 그러므로 지원자들은 여러 기업에 지원할 때마다 해당 기업의 아이템이나 경영 이념에 따라 자기소개서를 조금씩 다르게 수정하는 게 바람직하다. 면접 시의 답변이 자기소개서와 다르다면 지원자의 신뢰성에 큰 타격이 되므로, 자기소개서를 복사해 두고 모호한 표현이나 오해의 소지가 있는 부분에 대해서는 명쾌한 답변을 준비한다.

1) 자기소개서의 각 항목 쓰기

자기소개서에서는 글 전체를 관통하는 주제가 있어야 한다. 그래야 글이 산만해지지 않고 자신의 능력이나 관심을 중점적으로 부각시킬 수 있다. 성장 과정, 성격 소개, 경력 사항, 지원 동기, 입사 후의 각오 등은 항목으로 나누어 쓰는 것이 일반적이다. 이들 각 항목을 하나의 주제를 향해 가도록 통합해서 써야 한다.

⑴ **성장 과정**은 되도록 짧게 쓴다. 어린 시절의 성장 배경이 지금의 자기를 형성하는 데에 도움이 되었음을 말하는 정도면 된다. 다만 대학에서의 학업과 대내외 활동은 입사 지망 분야와 관련지어 상세하게 적어 두면 좋다.

연 습

1. 다음 예문을 읽고 생각해 보시오.

"사회에 대한 유용한 인간이 되어라" 할아버지께서 하신 말씀은 제 인생의 원동력입니다. 할아버지의 인도에 따라서 올림픽대회를 좋아하게 되었습니다. 운동선수들이 땀을 흘리면서 더 높은 목표로 뛰어가는 모습은 제게 무엇보다 멋진 모습입니다. 할아버지께 서예를 배우면서 강유겸전(剛柔兼全)이란 말을 알게 됐습니다. 부모님께서 사업을 하시기 때문에 어렸을 때부터 저에게 경제 안목을 주셨습니다. 그때 방학마다 생활 편의품을 구입해서 노점에서 팔았습니다.

2. 자신의 성장 과정을 정리해 보시오.

가족의 분위기, 가훈, 부모님의 가르침	
어릴 때의 특이한 일화	

청소년기의 특징, 기억할 만한 일화	
교유관계	
아픔과 상처가 되었던 일, 그것의 극복	

(2) **성격 소개**는 성격의 장점과 단점을 같이 기술한다. 대게 성격은 장점이면서 동시에 단점일 수 있다. 예를 들어 겁이 많으면 조심스러워 잘못을 저지르지 않거나, 깐깐하면 업무 처리가 깔끔하거나, 성질이 급하면 일을 빨리 처리해 버리는 것 등이 그러하다. 해당 기업의 이미지와 자신의 성격이 비슷한 점이 있다면 그것을 부각하여 기술한다.

연 습

1. 다음 예문을 읽고 생각해 보시오.

> 성격의 장점은 대인관계에 있어서 원만한 성격으로 사람들을 편안하게 하는 인상입니다. 다른 사람들을 이해하려고 애쓰는 넉넉함까지 책임감 있는 행동을 합니다. 단점이라면 생각은 개방적이고 자유로운데 비하여 자기 표현력이 부족하다는 것입니다. 특히, 가까운 사람들에게 싫은 소리를 잘 못하는 것이 약점이기도 합니다. 새로운 변화에 대한 적응력이 매우 높습니다. 아무도 없는 곳에서도 변화에 빠르게 대처했고, 남다른 사교성과 친화력으로 보다 빨리 적응할 수 있었습니다. 그러나 조금은 급한 성격으로 누구에게 일을 시키는 것보다는 제 스스로 하는 것을 선호합니다.

2. 자기 성격의 장점과 단점을 다음과 같이 정리해 보시오.

자신의 성격	**장점**	
	단점	
	단점을 개선하려는 노력	
자신의 일	**좋아하면서 잘할 수 있는 일**	
	좋아하지만 아직 부족한 일	
	좋아하는 일을 하기 위한 노력	

(3) **특별한 활동**과 경력 사항은 핵심을 간단히 기록하는 것이 좋다. 모든 것을 다 기술하는 것보다 자신의 경력이 지원 분야나 부서에 어떻게 도움이 되는지 일목요연하게 기록한다. 수상 경력, 동아리 활동, 봉사 활동, 아르바이트 경험, 해외 연수 경험 등과 특히 지원 분야의 업무와 관련된 인턴 경험을 서술한다. 구체적 사례를 제시하여 사실성을 높이는 것이 효과적이다.

연 습

1. 다음 예문을 읽고 생각해 보시오.

당신이 해변을 걷다가 모래 위에 떨어져 있는 시계를 발견했다고 상상해 보자. 그것을 들여다봄으로써 당신은 그 시계가 정교하고 복잡한 기계라는 것을 발견할 것이다. 이와 같이 정교한 사물의 존재를 어떻게 설명할 수 있을까? 파도가 모래를 때림으로써 시계가 우연적으로 만들어졌다는 설명은 설득력이 없다. 그것은 원숭이가 타자기 위를 아무렇게나 뛰어 다님으로써 셰익스피어의 작품들이 씌어졌다고 주장하는 것과 마찬가지 정도의 설득력을 가질 뿐이다. 시계의 정교함은 그것이 지성의 산물임을 보여준다. 시계를 만든 지성적인 존재자가 있었기 때문에 시계는 존재한다.

– 윌리엄 페일리, 『자연 신학』 중에서

2. 자신의 활동과 경력 사항을 구체적 사례를 들어 적어보시오.

활동 종류	활동 내역	배운점
여행지 및 선정이유	여행 동기 및 목적	여행 경비와 방법 여행을 통해 얻었거나 얻고 싶은 것

전공 관련 자격증	현재 보유하거나 경험한 것	미래 계획하는 것
인턴, 연수 아르바이트 봉사활동 공모전 어학 공인점수 동아리 활동 기타 특별한 일		

(4) **지원 동기**는 자신의 적성과 비전이 지원 분야와 얼마나 적합한지를 제시하는 것이 좋다. 또한 지원 분야 선택에 중요한 계기가 되었던 인물, 사건, 서적 등을 밝히되 논리적이어야 한다. 취업하고자 하는 기업의 업종, 경영 이념, 회사의 문화와 이미지 등을 치밀하게 조사하여 파악한 상태에서 그 기업의 특성에 맞게 기술한다. 지원하려는 기업의 사훈, 경영 이념, 기업 문화, 주력 사업, 최근 중점 추진 사업, 계획 중인 사업, 동종 업계의 최근 동향, 입사 후에 담당하게 될 업무에 관한 사전 정보 등을 바탕으로 지원 동기와 포부를 작성한다.

(5) **입사 후의 각오**는 단순히 회사가 필요로 하는 사람이 되겠다는 것보다는 업무에 대한 성취 목표나 자기 계발을 위하여 어떠한 계획을 가지고 있는지 구체적으로 언급하는 것이 좋다.

연습

1. 다음 예문을 읽고 생각해 보시오.

지원 동기 - 자동차회사 기술직

지난 10여 년 간 전기 분야에서 다양한 활동을 해왔습니다. 그 기간은 저에게 있어 새로운 도전 영역이었던 전기 분야를 이론적으로 공부하고 실무적 경험을 접목하는 시간이었습니다. 그 시간 동안 미숙했던 점들이 보완되었고, 그만큼 시행착오를 겪기도 했습니다. 또 그 과정에서 제가 몸담은 조직에서 나름대로 인정받았습니다.

흡족한 경험이었지만, 그만큼 안주의 꿈을 심어주기도 했습니다. 이런 때일수록 안주보다는 도전이 필요하다고 생각합니다. ㈜현대자동차를 제 도전과 이상을 펼칠 곳으로 선택한 것은 우리나라의 그 어느 회사보다 국가의 경제발전에 큰 몫을 차지하고 있기 때문입니다. 그리고 전기 설비의 중요성은 그 어느 곳보다 큰 역할을 하는 곳이 자동차 산업이라고 판단했기 때문입니다.

입사 후 각오 – 자동차회사 기술직

귀사에 입사하게 된다면 엔지니어링 부분에서 환경친화적인 자동차 생산에 일조하면서 어릴 적부터 키어 온 꿈을 키워나가고자 합니다. 저희 아버지는 특히 반도체 분야에 관심이 많아 대학의 반도체시스템과에 진학하여 성실하게 학교생활을 했습니다.

부품 개발부에 소속되어 저의 열정과 지식을 투자해 보고 싶습니다. 귀사는 뛰어난 기술력을 바탕으로 최근 5년간 매출이 33% 이상 꾸준히 증가하고 있는 유망한 자동차 부품업체인 것으로 알고 있습니다. 이는 기술 개발에 대한 투자를 아끼지 않는 귀사의 방침에 기인한 결과인 것으로 생각됩니다. 이제 기술뿐만 아니라 기술을 개발해 낼 수 있는 인재에 투자해 주십시오. 저에게 기회가 주어진다면 세계적 관심사인 친환경적 자동차를 만드는데 동참하여 최선을 다하도록 하겠습니다.

2. 지원동기와 입사 후 각오를 적어보시오.

입사하고 싶은 기업(기관)	
지원 회사 특징	
지원 회사 비전과 인재상	
희망 업무 분야	
지원 동기	
입사 후 각오	

2) 자기 소개서 작성할 때 유의 사항

① 전체 글이 논리적 일관성을 갖도록 쓴다.
② 문장의 연결, 어조, 문체, 종결 어미 등을 통일성 있게 쓴다.
③ 어법에 맞게 쓴다.
④ 맞춤법, 띄어쓰기, 오자, 탈자에 주의한다.
⑤ 부정확한 한자나 외국어를 사용하지 않는다.
⑥ 인터넷 용어나 이모티콘을 사용하지 않는다.
⑦ 지원기업이나 기관에서 요구하는 글의 분량을 지킨다.
⑧ 지원하는 기업, 기관, 부서에 따라 각각 다르게 작성한다.
⑨ 자신감의 표현이 지나치지 않도록 주의한다.
⑩ 반말을 사용하지 않는다.
⑪ 작성 후 선배나 스승의 도움으로 수정한다.
⑫ 자기소개서는 면접에 질문의 자료가 될 수 있으니 반드시 기억한다.

예시문

자기소개서(지원 대상: 하나은행)

■ 생활신조 및 열정 – 나의 비전

사람들에겐 저마다 크고 작은 꿈들이 있습니다. 그 꿈을 이루는 사람들은 타고난 재능이나 실력보다는 쉽게 꺾이지 않는 근성과 노력으로 성공을 이루어 내는 공통점이 있다고 생각합니다.

'뛰어난 재능이 없으면 성실함을 무기로 실력을 쌓아 나가자.'는 거북이 같은 마음가짐으로 살아왔습니다. 칭기즈 칸에게서 열정을 빼면 양치기에 불과했을 것이라는 광고 카피처럼, 열정과 목표 의식은 아직은 미숙한 저에게 항상 채찍질을 가하는 삶의 원동력이었습니다.

일례로, 대학 1년을 마치고 겨울 방학을 이용해 남과 차별화된 아르바이트를 찾다가 목초액 판매 아르바이트를 시작하게 되었습니다. 회사에서는 조를 이루어 팀별로 판매 실적을 평가하였습니다. 처음 회사에 출근해 목초액 판매 노하우를 간단히 지도받은 후, 그 날 바로 저희는 실전에 투입되었습니다. 목초액 판매를 위해 도착한 그곳에서 팀장님께서는 "이것은 팀별 실적이기 전에 자신의 능력에 대한 평가이다."라는 말씀을 남긴 채 사무실로 들어가시는 것이었습니다.

사람들과 뿔뿔이 흩어진 후 한 시간이 지났습니다. 이러고 있으면 판매는커녕 추운 겨울 시간만 낭비하는 것이라는 생각이 들었습니다. 거리에 지나다니는 사람을 무작정 붙잡고 목초액에 대해 설명하기 시작했습니다. 하지만 시간 없다며 뿌리치고 가는 사람, 듣는 시늉만 하는 사람, 아무 말도 없이 그냥 지나쳐 가는 사람, 여러 부류의 사람이 많았습니다. 포기할 수 없었습니다.

일을 마치고 집에 돌아와서도 목초액 생각이 머릿속에서 떠나지 않았습니다. '어떻게 하면 남들보다 경쟁력 있게 많이 판매를 할 수 있을까?' 하는 생각을 하다가 목초액에 대해 더 많이 알고 있어야 한다는 생각이 들었습니다. 목초액의 효능, 더 구체적인 사용 방법, 사례 등에 대해 자료를 찾아보았습니다. 그리고 찾은 자료를 들고 늦은 시간에도 집 주변 슈퍼, 세탁소, 음식점 등을 돌아다니며 판매를 하였습니다. 이런 노력 끝에 목초액 판매량은 며칠 전보다 두 배 정도로 늘었습니다. 하지만 아직도 목초액의 효능을 믿지 못하는 사람들도 있어, 공짜로 사용해 보라며 나누어 주기도 하고, 다양한 테스트를 직접 해 드리기도 하였습니다. 그래도 믿을 수 없다며 냉정히 거절하시는 분도 있었습니다.

한 번 다가갔던 손님은 절대로 놓칠 수 없다는 생각에 끈질기게 노력했습니다. 내 몸에 작은 상처를 내어 직접 목초액을 발라 상태를 살피게도 하였습니다. 두 번 세 번이 아니라 네 번 다섯 번 찾아갔습니다. 끈질긴 노력 끝에 추운 겨울 그달 회사에서는 아르바이트생으로서는 전례가 없는 인센티브를 받게 되었습니다.

끝까지 최선을 다해 노력하였고 구매자가 목초액의 효능을 최대한 느낄 수 있게 더 많이 움직였습니다. 그리고 구매자가 효능을 봤다며 제게 고맙다는 인사를 할 때마다 큰 성취감을 느꼈습니다. 고객을 최우선으로 하며 고객 하나, 행원 하나, 신뢰 하나를 우선으로 하는 하나은행에 저의 끝없는 열정과 지칠 줄 모르는 노력은 매우 중요한 요소라고 생각합니다.

■ 성장 과정과 성격—하나은행에 베팅한다

찰흙 같은 사람입니다. 다루기 쉽고, 여러 가지 모양으로 변형이 가능하며, 재생해서 다시 쓸 수 있는 찰흙처럼, 융통성 있고 누구에게나 친근하고 사람을 배려할 줄 아는 성격을 가지고 있습니다.

한동네에 아버지의 형제가 모두 함께 어울려 살았던 어린 시절 가족들과 친척들은 사람과 관계를 맺는 법과 조직을 이끄는 리더십을 가르쳐 주었습니다.

중학교 때는 그림 그리는 것이 좋아 미술반에 들어가 열심히 그림을 그렸습니다. 그곳에서 최고가 되고 싶다는 생각에 미술반의 궂은일을 가리지 않고 했고, 선배와 후배들에게 인정받아 회장을 맡게 되었습니다. 전국 청소년 연맹 활동 또한 열심히 하였고, 고등학교에 들어가서는 회장을 도맡아 해 왔습니다. 고등학교 3년 동안은 책에 대한 저의 애착과 삶의 지혜를 얻을 수 있었던 좋은 시간이었습니다.

대학에 입학해서는 문과대 차장, 과의 학년 대표, 봉사 활동 동아리인 로타랙트의 총무 등 다양한 단체 활동을 하였습니다. 가만히 있는 것이 싫어 적극적으로 할 일을 찾아다녔습니다.

그리고 휴학했을 때와 방학을 이용해 목초액 아르바이트, 농협 아르바이트, 골프장 아르바이트, 식당 아르바이트, 과외 아르바이트 등 짧지만 많은 사회 경험도 틈틈이 쌓아 왔습니다. 이러한 경험을 통해 다양한 사람을 만나게 되었습니다. 그 속에서 갈등을 해결하고 조화롭게 융화할 수 있는 사람으로 발전해 왔다고 자부합니다.

다양한 활동과 사회 경험을 통해 성취는 기술도 돈도 아닌, 바로 '사람'으로부터 나오는 것이라고 배웠습니다. 사람과 사람과의 관계는 저에게 가장 큰 재산이라고 생각합니다.

회사 내에서는 직원들과, 대외적으로는 고객과의 관계가 매우 중요한 지점 영업을 통해 보다 큰 성취를 이루기 위해 저를 하나은행에 베팅하고 싶습니다.

■ 지원 동기 및 포부—준비하는 사람에게 기회는 온다

산업의 중심이 제조업에서 서비스업, 특히 금융업으로 옮아가고 있는 것이 대세이지만 경제 성장을 이끌어 온 것은 제조업이며 한국 경제에서 제조업의 비중은 여전히 크고 중요하다고 생각합니다. 하나은행의 행원이 되어 한국 경제에서 금융업과 제조업이 균형 있게 발전하는 데에 이바지하고 싶습니다.

또한 아무리 국경이 없어지는 시대에 살고 있다고는 하지만, 우리 금융권은 대한민국에 그 뿌리를 두고 자부심과 애정을 가져야 한다고 생각합니다. 외국 자본이 밀려오는 요즘 시대에 최초의 민간 금융 기관에서 국내 3대 은행으로 발돋움한 하나은행이 중국의 청도국제은행뿐만 아니라, 세계적으로도 높은 경쟁력을 가질 수 있게 하는 데 도움이 되고자 합니다.

책이 좋고 문학이 좋아서 문예창작학을 공부하면서 항상 다양한 책을 접하려고 노력하였습니다. 21세기에 뒤처지지 않는 비전 있는 젊은이가 되기 위해 매일매일 신문을 읽어 보았습니다. 특히 경제와의 밀접한 연관성과 돈의 흐름에 관심을 갖는다는 것은 곧 실생활에서의 생존력과 직결되는 문제라 생각하고, 신문의 경제면은 더욱 꼼꼼히 읽으며 스크랩 해 왔습니다. 그 과정에서 금융권에 관심을 갖게 되었고 저의 경험, 적성과도 잘 어울릴 것이라는 확신이 들었습니다.

그중, 하나은행은 여러 자기 계발 프로그램을 통해 사원들을 단순히 직원이 아닌 전문성을 갖춘 인재로 키우는 훌륭한 직장이라는 것을 알고 하나은행에서 자아 성취를 하고 싶다는 욕심이 생겼습니다.

이번 유러머니 컨퍼런스에서 김종열 은행장님께서 자산 운용업을 선도 산업으로 육성해 연관 금융산업 파급효과 극대화를 강조하신다는 말씀에서 더욱 하나은행의 비전을 보게 되었습니다. 은행도 예금, 대출 위주의 영업에서 벗어나 은행, 증권, 보험, 자산 운용 등 복합 영업 채널화해야 한다는 말씀이 가슴 깊이 새겨졌습니다. 또한 하나은행의 원초적인 힘을 갖게 해 준 '한마음 운동' 인 '하나로 연수'를 통해 '큰 은행보다 좋은 은행'을 만드는 데 함께하고 싶다는 생각이 들었습니다.

이곳에서 민감한 금융 시장의 변화와 흐름을 놓치지 않기 위해 정보와 경향 분석에 부단히 노력하여 영업 분야 특히 PB 분야의 전문가와 장기 근속 최우수 사원이 되고 싶습니다.

얼마 전 '하나은행 성장 신화' 주역인 윤병철 은행장님이 내신 책을 사서 읽게 되었습니다. 전 은행장님의 '하나은행'에 대한 열정과 사랑에 매우 깊은 감명을 받았습니다. 주어진 일에 항상 묵묵히 최선을 다하는 저의 성실함과 열정이 하나은행 스토리와 비슷하다고 느꼈습니다. 신뢰받는 은행, 고객과 함께 번영하는 은행, 사람을 중시하는 젊은 은행, 플러스 알파를 추구하는 은행, 공익에 봉사하는 하나은행에 저의 열정과 노력을 더해 드리고 싶습니다.

고객의 믿음과 신뢰를 바탕으로 '재무적으로 건실하고, 조직 면에서 날렵하며, 영업 면에서 신속한' 금융권 새바람을 몰고 온 하나은행이 제 인생의 소중한 이정표가 되었으면 하는 바람입니다.

-학생의 글

연 습

다음과 같은 서식을 이용하여 자기소개서를 작성해 보시오.

학과:	학번:	이름:
성장 과정 가정환경/가족관계 출신학교/교우관계		
성격 소개 장·단점/리더십 사교성/책임감		

특이한 활동 **경력 사항** 자격증/외국어 봉사활동/동아리 아르바이트	
지원 동기 자신의 전공/적성 지원할 곳에 대한 관심	
입사 후 포부 분야/업무/미래	
생활신조	

3

보고서

보고서는 한 주제에 대한 조사나 연구 결과를 서술하는 글로서 논문 형식의 간략한 내용을 담고 있다. 대학 생활이나 사회생활에서 보고서의 작성과 제출 및 간단한 보고 절차는 필수이다. 대학생들이 작성하는 보고서 중에는 리포터, 실험보고서, 현장 조사 또는 실습보고서 등이 있다.

일반적으로 사회에서 사용하는 보고서는 출장 보고서, 시장 동향 보고서, 출퇴근 기록 보고서, 영업 판매 주간, 일간 보고서와 같은 일상 업무를 기록하기 위한 것들이 있다. 이들 사회나 기업체, 단체들에서 사용하는 보고서는 양식화로 규정화되어 있고, 사용하는 용어들도 정형화되어 있다. 그러나 연구소나 대학과 같은 곳에서 작성되는 보고서는 실험 관찰 기록을 비롯하여 사회의 통계 분석과 같은 것들이며, 간단한 논문 형식을 갖추고 있다.

1) 보고서의 종류

(1) 리포터 형식의 보고서

대학에서 제시되는 리포터의 대부분은 일정한 주제에 대해 논지를 전개하거나 작성자의 견해를 밝히는 것이다. 단순 지식을 측정하는 것이 아니라 특정 주제에 대한 폭 넓은 검토와 사고능력 향상을 위한 것이다. 이런 리포터는 소논문에 해당하므로 서론, 본론, 결론의 형식을 갖추고, 참고자료가 있는 경우 출처를 밝혀야 한다. 또 보고서 중에서도 독서보고서는 리포터로 일컫는 것으로 분야와 관련 없이 가장 널리 쓰이는 글이다.

리포터 작성 시 대학생들이 자주 실수하는 부분이 형식을 갖추는 것과 인용 자료의 출처를 밝히는 일이다. 수업계획서에서 리포터의 주제나 과제 명을 보고 시간을 가지고 자료를 준비하면 리포터를 작성할 때 도움이 된다.

보고서는 교육용 목적에 맞게 일정한 형식을 갖추어 써야 하므로 사전에 알아 두어야 할 몇 가지 사항이 있다. 먼저 보고받는 사람의 의도를 파악해야 하고, 남의 글을 베끼지 말아야 하며, 다른 사람의 글을 인용할 때는 반드시 출처를 밝히는 것을 잊지 말아야 한다. 다음으로 형식을 갖추어서 내용이 한 눈에 들어올 수 있게 분명하게 써야 한다. 마지막으로 논리성을 갖추어야 한다. 즉 어떠한 목적으로 어떠한 내용을 구성하여 어떠한 결과를 도출했는가 하는 내용이 간결하고 명확하게 나타나야 한다. 그러기 위해서 맞춤법, 글의 구성, 문체도 갖추어야 한다.

연구소나 대학에서 작성되는 보고서는 인문·사회 과학 분야의 에세이(essay) 형식과 자연 과학 계통의 실험(experiment) 및 조사 보고서 들이 있으며, 기업의 특정 부서나 연구 기관들에는 연구 보고서들이 있다.

(2) 에세이 형식의 보고서

인문·사회 과학 분야에서의 에세이 형식의 보고서가 있다. 이 보고서는 주제가 제시되는 동기(화두)를 비롯하여 필요성, 작성자의 관심 분야와 활동, 작성의 의의, 주제의 역사적 고찰과 선행 연구 내용, 관련 내용들에 대한 비판과 찬성을 비롯하여 작성자의 의견을 논리적으로 제시한다.

(3) 연구 실험 보고서

자연 과학이나 공학·기술 계통의 보고서이다. 작성 대상의 선정 동기와 목적 과학적 연구 활동으로 이루어진 내용들과 실험의 구체적이고 체계적인 방법들을 기술한다. 보고서에는 과학적 연구 활동과 실험 방법들의 이론적 전개를 비롯하여 수학을 이용한 모의실험(simulation), 모델링에 의한 예비 실험(test bed), 사용 도구들을 명시한다. 또한 과거에 이루어진 연구 활동과 결과, 관련 자료들에 대한 문헌이나 근거를 제시한다. 특히, 작성자의 실험 방법, 측정 방법, 계측기의 종류, 환경들과 같은 부분들도 세세하게 제시하여 객관성을 확보하는 것이 중요하다.

(4) 조사 보고서

설문 조사, 통계 조사, 시장 조사, 현상 관찰의 보고서들로 인문 사회 · 과학 분야를 비롯하여 과학, 공학, 기술과 같은 모든 분야에서 만들어진다. 이 보고서에는 조사, 동기, 조사한 내용, 과거 조사 내용의 비교, 조사한 내용의 통계와 과학적 근거, 미래에 대한 예측들이 객관적으로 제시된다.

이들 보고서는 다음의 몇 가지 조건에 맞추어 작성하는 노력이 요구된다.

(1) 독창성(originality) (2) 정확성(accuracy) (3) 객관성(objectivity)
(4) 공정성(impartiality) (5) 검증 가능성(verifiability) (6) 평이성(readability)
(7) 간결성(simplicity)

2) 보고서 작성

첫째, 문장의 기본 구성단위는 간결하게 하라.

수식어나 삽입구, 화려한 문장들은 불필요하다. 즉, 형용사나 부사 또는 목적어나 구절로 사용하는 수식어를 간단하게 하고, 대등하게 사용하는 단어나 문장들을 줄이고, 회화체 문구인 '그러니까 ~', '다시 언급하면~'과 같은 문장은 과감하게 없애라.

둘째, 주요 단어와 구절은 반복하는 방법으로 강조하라.

반복 기법을 사용하여 주의나 주장을 뚜렷하게 해야 한다. 주제를 분명하게 하는 방법은 긍정적인 문장을 사용하고, 구체적인 의미의 단어를 사용하라.

셋째, 1개 문단의 길이는 4~5개의 문장으로 구성하라.

하나의 문장은 단문으로 하고, 문장은 소주제를 전개하기에 충분한 길이를 갖도록 하여 의미를 단순화하여 이해력을 높이도록 한다. 각 문장과 문장의 연결은 연결어를 사용하여 논리적 전개의 일관성을 유지할 수 있도록 한다. 연결어를 사용할 때에는 논리의 일관성

(coherence)을 유지하기 위한 어휘의 선택에 신중을 기하여야 한다. 예를 들어, 연결어로 사용하는 '그리고, 그러나, 즉, 또는, 그렇지만, 특히, 특별하게, 다시 말해서, 왜냐하면, 물론'과 같은 어휘들의 반복 사용은 절제한다. 이들 연결어는 앞뒤의 문장을 대등하게 만들기도 하고, 동의의 의미가 있기도 하며, 반대의 의미를 나타내므로 사용처를 잘 선택하여 혼동이 가지 않도록 해야 한다.

넷째, 문장의 문법 구조는 같은 방법으로 하라.

문법 구조는 주어와 술어 동사, 목적어 등을 분명하게 하고, 같은 형식으로 구성하며, 수동형은 가능한 한 없애고, 능동형을 사용하라. 시제도 현재형으로 사용하고, 실험이나 연구 데이터나 설문 조사와 같은 구체적 사안이 대두될 때에 한정하여 과거형을 사용하라.

다섯째, 용어를 통일하라.

전문용어를 사용하고 다른 의미의 용어는 분명하게 설명해야 한다. 만약 용어를 한글이나 영어 또는 한자어로 표기할 때에 의미가 불명확하면 이들은 함께 사용(병기)하라. 그러나 병기할 때에는 최초 등장 시에만 쓰면 된다. 보고서에는 같은 의미의 다른 단어들이 나오는 것을 회피하라. 보고서는 제목에서 밝힌 주제를 4~5개의 장(章)에서 계속 의미를 부여해야 하고, 각 장은 주제를 가치 있게 만드는 단원들로 구성되어야 한다.

3) 보고서 형식

보고서의 형식은 그 유형에 따라 다르지만 기본적으로 표지 ⇨ 차례 ⇨ 본문 ⇨ 참고문헌 순으로 구성된다. 구체적으로 알아보면 다음과 같다.

(1) 표지

표지는 형식상 가장 앞부분에 위치한다. 표지에 들어갈 항목으로 과제명(제목)과 소속을 들 수 있다. 과제명은 상단 가운데, 소속은 하단 오른쪽에 위치한다. 소속은 과제를 부여하는 사람과 수행하는 사람의 소속을 말한다. 항목을 보면 과목명, 담당 교수명, 학생의 소속(학과, 학번)과 이름, 제출일자 순서로 서술된다.

(2) 차례

차례는 최종 개요를 뜻한다. 차례는 서론, 본론, 결론, 참고문헌 순으로 쓴다. 단 구성의 항목을 표시할 때 서론과 결론은 용어 그대로 써도 되지만 본론은 본론에 해당되는 소제목을 쓴다. 각 항목을 로마자나 아라비아 숫자로 순서를 나타내지만 참고문헌은 번호를 붙이지 않는다.

(3) 본문

본문은 서론, 본론, 결론을 뜻한다. 서론에는 글을 쓰는 목적과 필요성, 글의 범위, 글을 쓰는 방법 등을 제시한다. 본론에는 본론에 해당되는 소제목을 쓰고 그 제목아래 소제목별 내용을 정리하거나 주장할 내용을 간추려 쓴다. 결론은 본론의 내용을 요약하고 연구결과의 의의나 전망, 남은 과제 등을 제시한다. 본문의 서론 부분이 시작하는 지점부터 쪽수를 명시해야 한다. 본문을 작성할 경우 각주를 달 수 있다. 각주는 본문 내용을 작성하다가 그 내용을 부연할 필요성이 있거나 다른 사람의 글을 인용할 경우에 달고 하단에 부연설명과 인용출처를 밝힌다.

김영미, 『정지용 시와 주체의식』, 태학사, 2015, 337쪽.

(4) 참고문헌

참고문헌은 보고서의 끝에 위치한다. 참고문헌은 본문을 쓸 때 인용하거나 언급된 자료를 말한다. 일반적으로 저자 성씨 가나다순으로 배열하나 출판연도순으로도 배열한다. 참고문헌의 형식은 저자, 서명, 출판사, 출판연도 순으로 적는다. 예를 제시하면 다음과 같다.

오세영, 『문학과 그 이해』, 국학자료원, 2003.

〈일반적인 보고서 표지〉

보고서

○ ○ ○에 대한 보고

과목명:
교수명:
학 과:
학 번:
성 명:
제출일:

〈실험 보고서 형식〉

구분	구성	작성 항목 및 요령
1	겉표지	실험 제목, 교과목, 제출자, 제출일자
2	차례	본문의 차례
3	실험 제목	제목 실험 일지 및 실험 환경 공동 실험자
	실험 목적	이 실험에서 측정하고자 하는 것이 무엇인가, 검증하고자 하는 사실은 무엇인가를 각각 열거한다.
	이론적 고찰	실험 목적을 달성하기 위해 사용하는 용어나 개념의 정의, 실험에 사용되는 물리량과 측정에 관련된 수식의 유도 등을 자세히 기술한다.
	실험 준비물	실험에 사용한 장비의 모델명, 용량, 수량 등을 자세히 기록한다.
	실험 방법	실험 과정을 순서대로 번호를 붙여가며 열거한다.
	실험 결과	실험 결과를 일목요연하게 볼 수 있도록 도표를 이용하여 정리한다.
	고찰 및 결론	실험 목적에서 고찰하고자 했던 내용에 대한 구체적인 결론을 쓴다.
	참고 문헌	보고서 작성을 위하여 인용된 각종 서적 및 자료에 대한 사항을 일련번호를 붙여 차례대로 적는다.

4

기획서

기획서는 목적에 맞게 설정된 기획 아이디어를 요소별로 구분하여 체계적으로 조립해 놓은 설계도라 할 수 있다. 기획서는 각각 특성과 사정에 따라 기획서, 제안서, 계획서, 보고서 등으로 부르기도 한다. 기획서의 작성은 두 가지 특성을 토대로 한다. 하나는 문제 해결을 위해 답을 찾는 과정이고, 다른 하나는 아이디어를 새롭게 산출하고 정리하는 과정이다.

기획서의 기본 기능은 '기획 제안서'이므로, 전달력이 무엇보다 중요하다. 따라서 기획의 내용은 높은 수준을 담고 있어도 표현은 이해하기 쉽게 정리되어야 한다. 매력적인 기획서는 상대방이 제시한 문제를 분석하여 가장 적절한 아이디어나 해결 방안을 제시할 수 있어야 한다. 기획서는 다른 사람을 이해시키고 설득시키기 위한 문서이다. 그러나 기획은 과거나 현재가 아닌 미래에 대한 것이므로 철저한 사전 준비가 필요하다.

1) 기획의 5단계

1단계	➡	2단계	➡	3단계	➡	4단계	➡	5단계
문제 파악		아이디어 수립		아이디어 체계화		조사와 분석		기획안 작성

2) 기획서의 구성요소는 다음과 같다.

(1) 기획 목적 및 의도 설명하기

기획서나 제안서를 작성할 때 가장 먼저 해야 할 일은 기획 의도를 설명하는 것이다. '왜', '이러한 일을 하는가'에 대한 답이 바로 기획의 목적과 이유이다. 이 질문은 모든 비즈니스 문서에서 요구되는 것으로 기획서는 기획의도를 타당한 근거를 바탕으로 전달될 수 있어야 한다. 따라서 문서로만 아이디어를 충분히 이해시킬 수 있어야 하고, 실현 가능성을 보여 주는 것이 중요하다.

(2) 현재 상황과 문제점 분석

기획은 기획행위를 통해서 목적을 성취하는 일이며, 무엇인가를 해야 한다고 주장하는 일이다. 그렇다면 왜 그 일을 해야 하는 지를 설득력 있는 데이터로 보여 줄 필요가 있다.

(3) 기획 내용 구성하기

기획서의 내용은 창의적이고 혁신적이어야 하며, 전달 방식 역시 참신하게 개발되어야 한다.

(4) 추진전략 드러내기

추진전략은 기획서의 핵심이다. 기획의 내용을 실행할 수 있는 방법은 구체적이며 명확하게 제시되어야 한다. 실행 단계마다 차별화된 전략을 사용할 수 있어야 하며 전략을 설득력 있게 전달하는 것이 필요하다.

(5) 기획의 기대효과

기획의 기대효과는 읽는 사람이 가장 관심 있게 보는 요소 중 하나이다. 실현이 가능한 기획이여야 하며, 유형적, 무형적의 이익이나 가치 창출이 있어야 한다. 실제 수치를 사용하여 기획 효과를 인식할 수 있도록 해야 한다.

(6) 기획서 작성의 주요원칙

원칙	내용
읽는 사람입장에서 쓴다.	간결하고 읽기 쉽게 표현한다. 그림이나 도표 등 시각적 효과를 활용한다.
문장의 기본을 지킨다.	문장의 첫 글자는 들여 쓰고 서술어는 통일한다. 특수한 용어는 설명을 붙인다. 인용문은 정확하게 출처를 넣는다.
비즈니스 문서 규칙을 지킨다.	제출자와 제출일을 표기한다. 기획의도 및 목적을 정확하게 한다. 핵심사항을 간결하게 정리한다.
독창성있게 표현한다.	제목 선택에 주의하고 제목에 맞는 내용을 적는다. 자신 있는 표현을 사용한다. 비교방법을 사용한다. 수식어를 배제하고 데이터를 사용한다.

VI 공감적 글쓰기

1

기행문

기행문은 여행을 기록한 글을 말한다. 기행문을 쓸 때 가장 중요한 것은 대상에 대한 애정이다. 자기가 가 보고자 하는 곳에 대한 자료와 정보를 미리 찾아봄으로써 대상에 대한 이해의 폭을 넓혀 두어야 한다. 아무것도 모르는 상태에서 대상을 접했을 때 별다른 감흥을 느낄 수 없을 터이고, 따라서 남들과 다른 창조적 감상은 불가능에 가까울 것이다. 그러므로 개성적이고 의미 있는 답사기를 위해서는 대상에 대한 사전 이해가 중요하다. '아는 만큼 보인다'는 말이 있듯이 대상에 대한 사전 이해의 중요성은 크게 강조할 만하다.

개성적인 기행문을 작성하기 위해서는 대체로 다음의 절차가 필요하다.

① 사전 준비: 정보 및 자료 확보, 정리.

② 여행 계획: 사전 준비 과정에서 얻은 결과를 토대로 작성.

③ 여행 실시: 계획에 의해 철저히 실시. 장비 지참 필수(사진기, 녹음기 등). 답사 일정 및 답사 시 알게 된 내용을 수첩에 메모하고 반드시 기록해 둘 것. 안내 책자 등 자료들을 챙겨 둘 것.

④ 기행문 개요 표 작성: 무엇에 중심을 둘 것인가 계획.

⑤ 기행문 집필: 자신만의 느낌이 드러나도록 작성. 사진이나 첨부 자료 적극 활용.

예시문

중국 여행 기행문

오늘은 드디어 중국 여행을 가는 날이다. 소풍을 앞둔 초등학생처럼 들뜬 마음에 잠을 설쳐서 몸은 찌뿌둥하지만 마음만은 가볍다. 전날 챙겨 둔 짐을 들고 약속 장소로 나가 보니 이미 많은 동기가 나와 있다. 과 대표라는 직책을 맡고 있다 보니 아직 도착하지 않은 사람들이 걱정된다. 대부분은 시간에 맞춰서 버스에 탑승했지만 결국 우리 잠만보 현우는 늦게 일어났다고 전화가 왔다. 마냥 기다릴 수는 없어서 판암 나들목으로 택시를 타고 오라고 했다. 각 조의 조장들과 여행사 직원 그리고 인솔 교수님까지 동행하지만 여행 내내 한순간도 인원 점검을 소홀히 하면 안 되겠다고 다짐했다. 그래도 다들 무사히 청주 공항에 도착하여 출국 수속을 마치고 비행기에 탑승했다. 10년 전에 상해에 거주했을 때 ○○항공의 비행기가 2초간 거의 추락에 가까운 비행을 했던 개인적 경험이 있다. 이번에도 ○○항공의 비행기여서 꺼림직해하며 올라탔는데 역시나 난기류로 인한 롤러코스터 비행을 선보였다. 결국 나는 비행기에서 내리면서 이번 여행 이후로 다시는 이 항공사 비행기를 타지 않겠다고 다짐했다.

상하이는 언제나 그렇듯이 후텁지근한 공기로 나를 반긴다. 3박 4일 동안 항저우와 쑤저우 그리고 상하이를 돌아야 하는 빡빡한 일정 때문에 우리는 바로 항저우로 이동했다. 차창 밖으로 보이는 대륙 스케일의 이국적인 풍경이 신기하지만, 동기들은 다들 피곤한지 입을 벌리고 자고 있다. 기회는 이때다. 열심히 입 벌리고 자는 동기들을 카메라로 찍어서 추억을 만들어 줘야지……. 뿌듯한 마음에 열심히 셔터를 눌렀다.

항저우에 도착하니 이미 어둑어둑하다. 우린 천 년 고탑인 육화탑을 구경하고, 그 옆의 식당에서 처음으로 현지 식사를 했다. 메뉴는 동파육과 거지닭이었는데 거지닭은 향이 너무 강해서 먹지 못했지만, 부드러운 육질에 반해 동파육은 세 그릇이나 먹었다. 특히 공자가 마셨다는 공부가주와 소동파의 아내가 만들었다는 동파육은 나에게 공자와 소동파의 정취를 느낄 수 있게 해 주었다.

저녁 식사를 마치고 항저우의 유명한 공연인 송성 가무쇼를 보러 이동했다. 가무쇼를 보러 가는 길 중간 광장에 마련된 연못에 부표를 밟고 연못을 건너는 기구가 있었다. 동기인 영환 군이 시도해 본다고 열심히 달리다가 중간에서 넘어지고 다시 돌아오다가 물에 빠져서 동기들에게 큰 웃음을 주었다. 송성 가무쇼는 굉장히 화려하고 웅장해서 좋았지만, 한국의 아리랑과 상고놀이를 중국식으로 변형하여 내 기분을 상하게 했다. 왜 내가 중국에서 중국어로 된 아리랑을 들어야 하고 기계 체조 같은 상고놀이를 봐야 하는지 화가 났다. 게다가 중국과 한국을 구분 못 하는 서양인의 시각에서 봤을 때 아리랑을 중국의 문화 중 하나로 받아들일 위험이 너무 컸다. 그리고 중국의 국가적인 문화 육성에 비해 우리나라의 문화 투자는 정말 빈약하다는 자괴감 때문에 더욱더 가슴 한편이 아팠다.

다음 날에는 항저우의 서호에서 유람선을 타고 영은사라는 절과 용정차 농장을 방문하고 쑤저우로 이동했다. 쑤저우에서는 졸정원을 구경했다. 졸정원은 쑤저우 지역의 지주가 만든 개인 정원인데 규모가 개인 정원이라고는 믿기지 않을 정도로 크고 아름다워서 세계문화유산에 등록되었다고 한다. 특히, 황제의 눈을 피해 건물을 용의 모양으로 지었다는 설명을 듣고 인간의 끊임없는 권력욕에 대해 생각하게 되었다. 저녁에는 전신 마사지를 받았는데 1만 5천 원이라는 돈에 이렇게 세심한 배려를 받고 나니 몸은 가뿐했지만 마음이 무거웠다. 국가 간의 소득차가 생각보다 크다는 점이 떠올랐기 때문이다. 특히 예전 학교에서의 전공이 정치 외교학이었는데 그때 들었던 세미나에서 아프리카 지역의 아이들이 축구공을 만들기 위해 밤새 바느질하고 있다는 말이 불현듯 떠올랐다. 이렇게 가까운 나라 사이에도 또한 한 국가 안에서도 평등이 이뤄질 수 없다는 사실이 나를 슬프게 했다.

둘째 날 밤에는 우리 학번의 지도 교수이신 유호룡 교수님께서 자신의 꿈과 비전을 찾는 세미나를 진행하셨다. 이를 통해 자신의 미래에 대해 좀 더 성찰할 수 있는 계기를 가졌던 것 같다. 또한 중국 여행 전부터 시작했던 마니또 게임을 세미나가 끝난 후에 발표했는데 자신의 마니또를 맞춘 사람에게는 선물이 증정되었다. 입학 후 한 달이 넘는 시간이 흘렀지만 80명이나 되는 동기들을 잘 알기 어려웠는데 서로 몰래 도와주면서 관심을 갖게 되고 친하게 되는 기회가 된 것 같아서 뿌듯했다.

셋째 날에는 상하이로 이동하여 난징루에서 쇼핑을 하고 상하이 중의약 대학교를 방문했다. 학교에 대한 개략적인 설명을 듣고 중의약 박물관을 관람했다. 대학 내에 중의약 박물관이 있다는 점과 그 질과 규모가 거의 국립 박물관 수준이라는 점에 놀랐다. 우리나라도 한의학에 관한 자료를 체계적으로 정리하여 중국 못지않은 박물관이 생겼으면

하는 바람을 가졌다. 밤에는 마지막 날인 만큼 동기들과 어울려 술도 마시고 많은 이야기를 나눴다.

중국 여행은 이렇게 끝났지만 마음은 아직도 중국 여행에 취해 있다. 문화적 방대함과 현대 중국인들의 뒷모습은 서로 충돌하며 혼재된 이미지로 남겨졌지만 나는 그 모습을 중국 그 자체로 받아들이기로 했다. 또한 ○○학번 모두가 서로 알 수 있었던 시간이었기에 너무나 소중한 추억이 될 것 같다. 아무래도 이 추억을 차분하게 정리하기까지는 많은 시간이 필요할 것 같다.

-학생 작품

연 습

충남·충북에 있는 문화 유적지를 방문하고 기행문을 작성해 보시오.

2

감상문

책을 읽고 난 후 또는 예술 작품을 감상한 후 자신이 감상하고 느낀 소감을 적은 글을 감상문이라 한다. 그 중 책을 읽고 쓴 글을 독후감이라 하고 영화를 보고 쓴 글을 영화 감상문이라 한다.

독후감은 독서를 위한 글쓰기이다. 책을 읽고 책의 내용을 자신의 지식과 사고로 전환하는 것이 우리의 안목을 넓혀 주고 세상을 인식하는 생각의 깊이를 깊게 해 준다는 것은 너무도 자명한 일이다. 하지만 책을 읽는 독서 행위를 한다고 해서 이러한 성과가 보장되는 것은 아니다. 책에서 정답을 찾고 필요한 지식을 얻는 수동적인 독서만으로는 독서의 충분한 성과를 보기 힘들다. 책에서 스스로의 문제를 찾고 자기 나름의 생각을 얻는 주제적 독서가 필요하다. 이러한 주체적 독서를 하게 만드는 방식이 바로 독후감 쓰기이다. 책을 읽고 거기에 대한 스스로의 생각을 적은 글이 바로 독후감이다. 책을 어떻게 이해했으며 그것을 통해 무슨 생각을 했는가를 적은 글이 독후감이라 할 수 있다.

감상문에는 일정한 형식이 있는 것은 아니다. 책이나 작품의 내용을 소개하고 거기에 대한 자신의 생각을 표현하면 어떠한 형식으로든지 가능하다. 하지만 바람직한 감상문이 꼭 갖추어야 할 내용이 있다. 감상문에는 다음의 사항이 필수적이다.

① 책이나 영화 작품을 접하게 된 계기

② 책과 저자 또는 영화나 감독에 대한 소개

③ 책이나 영화의 줄거리 소개

④ 내용의 분석

⑤ 감상 소감 및 평가

그런데 학생들에게 감상문을 쓰게 하면 대체로 ① ② ③의 단계에서 끝난 감상문을 쓰는 경우가 대부분이다. 책을 소개하고 책의 줄거리를 소개하는 글은 감상문으로서 의미를 갖지 못한다. 중요한 것은 ④와 ⑤의 단계이다. 책의 중요 내용을 자기 나름의 안목으로 분석하고 해석하는 내용이 있어야 하고, 이를 토대로 자신의 생각을 서술하는 내용이 꼭 들어가야 한다.

예시문

영웅의 내면

—『칼의 노래』를 읽고

"전쟁은 겪어 보지 않은 사람에게는 유쾌한 일"이라는 말이 있다. 그러나 전쟁을 겪지 않았다 하더라도 소설 『칼의 노래』를 읽는 사람에게 전쟁은 결코 유쾌한 일이 아니다. 오히려 지리멸렬한 전쟁의 하루하루를 등장인물들과 함께 살아 나가는 시간은 생각처럼 쉬이 가지 않는다. 『칼의 노래』는 우리 역사의 치욕스러운 어느 부분을 대담하게 들추어 담담하게 서술하는 방식으로 이야기를 풀어 나가고 있는데, 이러한 역설이 오히려 일상의 나태에 익숙해진 독자에게 서슬 퍼런 칼날을 들이대고 있는 것과 같은 긴장감을 주고 있다. 그렇기에 이 글의 한 문장, 한 구절은 그 각각이 힘겹게 읽힐 수밖에 없고 주인공 이순신의 삶의 날들은 그의 어깻죽지에 깊이 박힌 총알의 흔적과 같이 우리들에게는 지독히도 욱신거리는 아픔이 된다.

이 소설의 가장 큰 특징으로 꼽을 수 있는 것은 바로 담백한 문체이다. 작가 김훈은 어느 인터뷰에서 『난중일기』에 드러난 이순신의 인격에 매우 감동을 받았다고 한 적이 있다. 이순신은 본인의 일기에 매우 세세한 전쟁의 일과를 일일이 기록해 놓는 치밀함을 가졌으며, 살벌한 죽음과 격한 두려움을 마주하면서도 결코 감정의 극한을 내보이는 글은 쓰지 않았다고 한다. 작가는 이 작품에 바로 이러한 점을 투영했던 것으로 보인다. 그렇기에 작가는 이순신이 여자를 품에 안는 순간이나 그녀의 죽음을 확인하는 순간, 명나라의 장군을 대하면서 느낄 수밖에 없는 치욕의 순간과 같은 격랑의 시간들을 그저 묵묵한 필치로 묘사하고 있는 것이다. 작품 전반을 지배하는 건조한 기운은 고독한 장수의 오롯한 심성과 책임감을 잘 대변해 주고 있으며 사랑하는 백성들의 절규를 혼자 몸으로 감내해 내는 사내의 비통한 심정을 오히려 효과적으로 표현하는 중요한 장치라 할 수 있다.

이 소설에서는 이순신의 후각의 기억이 상당히 큰 비중을 차지하고 있는데, 예를 들면 "여진에게서 퍼져 나오는 지독한 젓국 냄새", "어머니의 몸에서 나는 오래된 아궁이의 냄새", "아들 면의 비린 젖 냄새"와 같은 것들을 들 수 있다. 이러한 후각적 향수는 종종 이순신의 감수성을 자극하며, 그리움과 애통함을 표출하는 기폭제로서 작용하게 된다. 여진의 젓국 냄새는 전쟁이라는 시대적 배경 하에서 이미 그 정갈함을 잃어버린 비극적인 여성성을 상징하는 것으로 왜적에게 유린당한 조선의 황폐해진 땅을 말하는 것으로 파악되기도 한다. 하지만 이순신은 그런 여진의 아픔을 감싸 안을 때 비로소 편안함을 느낀다. 비록 버려진 여인, 남루한 조선 땅이지만 이순신에게는 그 자체로 안식이요, 안락인 것이다. 한편 이순신에게 어머니는, 그가 그리워하는 전쟁 이전의 조선을 의미한다. 그의 어머니는 올곧고 담대한 분이었고 그에게 "가서 나라의 원수를 갚으라"고 말할 만큼 충심이 깊었다. 불을 피워 집을 풍요롭게 하는 아궁이와 같았던 어머니의 존재는, 곧 일본 침략 이전의 넉넉한 조선을 의미한다. 그렇기에 어머니의 부재는 곧 나라를 잃은 심정과 맞물려 그에게 커다란 아픔을 주는 것이다. 마지막으로 이순신의 아들 면은 아비를 닮아 우직했고, 칼을 잘 다루던 무인이었기에 조선의 희망이 되었을 법한 인물이었다. 그러나 그는 가족을 지키려다 왜적에게 죽임을 당하였고 이는 전쟁으로 인해 불투명해진 조선의 미래를 간접적으로 나타내고 있다. 그러므로 여진과 어머니, 아들의 죽음은 조선의 현재, 과거, 미래에 전쟁이 드리운 어두운 그림자로 이해가 가능하며, 이순신이 반복적으로 추억하는 그들의 냄새는 그 그림자의 농도를 진하게 하기도 또 옅게 하기도 하는 역할을 한다고 할 수 있다.

이순신은 자주 "찬 청정수를 들이켜고 싶다"고 되뇐다. 그가 처한 상황은 매우 절박하다. 그에게는 섬겨야 할 군주가 있으나 군주는 그를 믿지 않는다. 군주는 그 자신이 살고자 이순신을 죽일 수도 살릴 수도 있는 인물이다. 그에게는 보살펴야 할 백성이 있으나 백성 또한 그를 믿지 않는다. 백성들은 아비규환 속에서 굶주림과 공포에 시달려 절규할 뿐이다. 그에게는 오로지 적이 있을 뿐이다. 적은 강하고 이순신은 강한 적 앞에서 스스로를 더 강하게 무장한다. 그리고 외로운 그가 스스로를 갈아 내는 시간, 그는 찬 청정수를 들이켜고자 하는 욕구를 느낀다. 이러한 갈증은 당파 싸움에 한창인 조정 대신들 사이에서 나라보다는 자신의 안위를 걱정하는 임금을 향한 답답한 마음과 정쟁의 희생양이 된 가여운 백성들에 대한 안타까움에서 비롯한다. 그렇기에 비참하고도 잔혹한 현실을 향한 비분강개를, 이순신은 찬 청정수로써 달래고자 하는 것이다. 그리고 마침내 그가 대승으로 이끈 마지막 전투에서 다행히 그는 임금의 칼이 아닌 적의 총탄에 죽음의 순간을 맞이하게 되고, 이때 비로소 진정한 해갈을 경험할 수 있게 된다.

이 책을 읽으면서 영웅이 바다와 참 많이 닮았다는 생각을 했다. 글 속 바다는 매우 삼엄하고 냉랭하다. 반면 평온하고 고요하기도 하다. 마찬가지로, 장수로서 이순신은 전투 때 머뭇거리는 부하를 호되게 야단치며, 군대를 무단으로 이탈한 자를 끝까지 추적해 죽이는 엄한 인물이다. 또한 늘 사방을 경계하고 감시하였다. 그러나 인간 이순신은 자신보다 먼저 세상을 뜬 어머니와 아들을 그리워하며 눈물을 흘리고, 약한 백성들을 돌볼 줄 아는 따스한 마음을 가진 사람이다. 이러한 양면성으로 이순신은 늘 자기 자신을 가다듬었고 타인을 다스렸던 것이다.

요즘 새로운 정권이 들어서고 또다시 나라가 어지럽다. 바다와 같은 성품을 가진 인물에 대한 열망이 간절한 때다. 노무현 전 대통령이 탄핵 당시 이 책을 읽으며 마음을 다잡았다고 하는데, 이 책의 정치적인 담론은 차치하고서라도 이순신의 성품을 닮고자 하는 그 누군가가 있어 이 책을 깊게 읽었으면 좋겠다. 그리고 이 나라를 갸륵하게 여기는 마음가짐 또한 본받기를 바란다.

-학생 작품

연 습

최근 읽은 책 중에서 인상에 남은 책을 하나 골라 감상문을 작성해 보시오.

3

편지 쓰기

어떤 특정한 상대에게 전할 말이 있을 때 말 대신 글로 적어 보내는 글을 말한다. 서간문, 서한문 또는 서신이라고 한다. 글을 쓰는 목적에 따라서 안부를 묻는 편지가 일반적이며, 실용적인 목적으로 편지를 쓰기도 하며, 멀리 떨어진 상대방과 정보나 지식을 교환하기도 한다. 하고 싶은 말을 중심으로 내용에 충실한 편지를 쓰자.

1) 편지의 특성

편지는 특정한 상대가 있는 글이다. 본질적인 면에서는 실용문이나 문학적 측면에서 보면 수필에 속한다. 상대방의 신분, 연령, 성별, 친숙의 정도에 따라 문장이 달라지며, 예절을 지켜야 하는 글이다. 일반적으로 서두, 본문, 결미의 형식을 취한다.

2) 편지의 형식

(1) 서두: 들어가기

가) 받을 사람의 호칭 (윗사람 -께, 대등하거나 아랫사람 -에게)

나) 첫인사 (계절 인사, 문안, 자기 안부)

(2) 본문: 핵심, 주 내용

가) 하고 싶은 말, 편지의 가장 중요한 내용

(3) 결미: 인사

가) 끝인사

나) 날짜

다) 보내는 사람의 이름

〈규격봉투〉

3) 편지의 종류

(1) 편지는 내용에 따라서 개인적인 편지와 공적인 편지로 분류한다.

(2) 개인적인 편지는 개인의 필요에 의해서 쓰게 되며, 안부 편지를 주로 쓰지만, 감사 편지 또는 사과의 편지, 위문이나 축하의 편지를 쓰기도 한다. 그리고 실용적인 면에서 초청장이나 주문서, 청탁서, 독촉장 등의 편지를 쓰기도 한다. 또한 정보나 지식을 교환하는 편지도 있다.

(3) 공적인 편지는 관공서나 회사 등에서 직무상 필요에 따라 쓰며, 공문이나 상용문이

대표적이다.

(4) 편지의 외형상 형식에 따른 분류는 봉합 편지와 엽서로 나누며, 엽서에는 봉합엽서와 왕복 엽서도 있다.

4) 편지를 쓸 때 유의할 점

(1) 진실한 마음으로 예의를 갖추어 써야 한다.
(2) 지나치게 형식에 얽매이지 말고 대화하듯이 써야 한다.
(3) 하고 싶은 말이나 내용을 충실하게 써야 한다.
(4) 쓴 날짜와 쓴 사람을 분명하게 밝혀야 한다.
(5) 편지지와 봉투는 깨끗해야 한다.
(6) 글씨를 바르게 써야 한다.

연 습

가족이나 친구에게 보내는 편지를 써 보시오.

4

미디어 글쓰기

대부분의 사람은 컴퓨터를 이용해 글을 쓰며 글쓰기에 이용되는 컴퓨터는 대부분 온라인 상태이다. 글쓰기 작업은 인터넷의 영향을 직간접적으로 받을 수밖에 없는 환경이 되었다. 글쓰기는 홀로 하는 '닫힌 작업'에서 타인들과 더불어 하는 '열린 작업'으로 점점 변해 가고 있다.

인터넷 글쓰기란 단순히 인터넷의 도움을 받는 데 그치지 않고 직접 인터넷에 글을 올리는 행위를 말한다. 자신의 글을 인터넷에 올려 실시간으로 검증받을 수 있으며 타인의 글에 대해서도 실시간으로 반응할 수 있다. 인터넷 글쓰기 영역은 앞으로 더욱 확대될 것이며 그 중요성 역시 더욱 커질 것이다. 인터넷 글쓰기는 개방성, 즉각성, 탈주체성, 미완성, 매체 혼합 등의 특징을 갖는다. 그리고 홈페이지·블로그 글쓰기, 게시판 글쓰기, SNS 글쓰기, 실시간 글쓰기 등의 종류가 있다.

1) 미디어 글쓰기의 유형

(1) 이메일

이메일은 시간적 공간적 제약을 초월하여 어느 곳이든 순식간에 전송이 가능하기 때문에 단순한 메시지를 전달하는 의사소통의 수단을 넘어선다. 이메일은 어느 포털 사이트에서든지 신청만 하면 누구에게나 제공되고 있어 각종 정보와 자료를 주고받는 기능뿐만 아니라 비즈니스에도 유용하게 사용된다.

이메일 작성법은 다음과 같다.

① 제목을 달아준다.
② 간결하고 이해하기 쉽게 쓴다.
③ 본문 서두에 본인이 누구인지 밝힌다.
④ 수신과 참조를 구분한다.
⑤ 첨부 파일의 용량을 줄여 수신자가 빨리 열어 볼 수 있게 한다.
⑥ 회신으로 보낼 것인지, 새로운 메일로 보낼 것인지 신중하게 판단한다.
⑦ 보내기 전에 내용을 다시 한 번 검토하고, 오자는 없는지 확인한다.
⑧ 삭제된 이메일이 특별한 목적을 위해 공식적으로 복구될 수도 있다는 것을 알아야 한다.
⑨ 보내기 버튼을 클릭하기 전 마지막 단계에서 주소를 입력한다. 그러면 완성되지 않은 메시지를 보내는 실수를 막을 수 있다.

(2) 블로그

블로그는 일반인들이 자신의 관심사에 따라 일기 · 칼럼 · 기사 등을 자유롭게 올릴 수 있다. 또한 개인 출판 · 개인 방송 · 커뮤니티까지 다양한 형태를 취할 수 있어 홈페이지 제작과 관련된 전문적인 지식이 없이도 쉽게 만들 수 있다.

운영되는 개인 홈페이지나 블로그는 저마다 하나의 주제를 가지고 있다. 예컨대 이현우는 자신의 블로그인 '로쟈의 저공비행 http://blog.aladin.co.kr/mramor'에서 다양한 책을 소개하고 있다. 인터넷 글쓰기 가운데 전통적 글쓰기의 형식과 내용이 가장 많이 반영되어 있는 유형이며 다른 인터넷 글쓰기에 비해 상대적으로 가장 완성도가 높은 글쓰기 유형이다.

예시문

밤참을 먹으려는 것도 아닌데 음식 얘기가 나오는 책 두 권에 눈길이 가서 같이 묶어 놓는다. 뉴욕의 에세이스트 애덤 고프닉의 『식탁의 기쁨』(책읽는수요일, 2014)과 배명훈의 소설 『맛집 폭격』(북하우스, 2014)이다.

내겐 생소한 이름인데, 애덤 고프닉은 나름 유명한 '뉴요커 글쟁이'란다. 먼저 소개된 『파리에서 달까지』(즐거운상상, 2008)와 『뉴요커, 뉴욕을 읽다』(즐거운상상, 2009) 모두 미국에선 화제작이었다지만, 한국에선 참패를 면하지 못했다(그러니 모를 만하다!). 그래도 『식탁의 기쁨』은 뭔가 어필할 만하지 않을까 싶다. 먹는 얘기니까. 더불어 프랑스 미식 문화를 소개하는 역할도 겸한다고.

「뉴욕타임스」 베스트셀러, 아마존 베스트셀러, 생각하는 미식가를 위한 완벽한 책. 프랑스 문화예술공로훈장 슈발리에 메달을 수상한 뉴욕의 에세이스트, 애덤 고프닉이 미식의 철학과 식탁에 둘러앉음의 행복에 대해 이야기한다. 이것은 프랑스의 미식 문화를 소개하는 가이드북이자, 최고의 셰프가 은밀히 펼쳐 보는 비법과 가족의 기억을 떠올리는 요리를 담고 있는 레시피 북이다.

책값이 레스토랑의 파스타 한 끼 가격 정도니까 남들보다 먹는 일에 아주 약간이라도 신경 쓰는 독자라면 구비해 놓을 만하다. 식탁의 퀄리티를 조금 높여 줄 듯하니까.

짐작에, 기발하지 않으면 소설이 아니라고 생각하는 작가가 배명훈 아닐까. 무얼 쓸지 어림하기도, 말리기도 힘든 작가가 새로 내놓은 건 뜻밖에도 맛집 이야기다. 그것도 폭격 당한 맛집 이야기!

배명훈 작가가 가볍게 써 내려갔다는 이 소설은 인도 음식 마살라 도사에 대한 군침 도는 묘사로 시작된다. 근심이라고는 없는 화사하고 상큼한 오렌지 샐러드, 승리한 전투의 전리품처럼 아름다운 곡선을 그리며 쟁반 위에 쌓여 있는 찹쌀 탕수육, 짭조름한 바다 맛 속에 담백한 끝 맛을 감추고 있는 빨갛지만 맵지 않은 짬뽕, 입 안에 넣기도 전에 새콤하고 향긋한 향이 도는 사르마 돌마. 작가는 맛깔 나는 묘사로 책장을 넘기다 말고 인터넷을 검색해 그 식당이 진짜 있는지 확인하고 싶게 하다가는 돌연, 어디선가 날아온 미사일로 맛집들을 날려 버린다. 그러고는 추억의 공간을 공유하는 옛 여자 친구에 대한 기억을 단서로 이 맛집들이 왜 사라지고 있는지에 대한 미스터리를 쫓게 만든다.

그러니까 맛집도 좋아하고 미스터리물도 좋아하는 독자들을 위한 특별한 메뉴인 셈.

왠지 이 책은 서재가 아닌 식탁에서 읽어야 할 것 같군….

http://blog.aladin.co.kr/mramor/7319260

(3) 게시판

짧은 문장에서 논문까지 매우 다양한 글쓰기가 가능한 유형이다. 게시판의 성격에 따라 그 내용과 형식 역시 천차만별이다. 흥미를 위주로 하는 게시판에는 대부분 사진이나 동영상이 곁들여져 있는 반면, 무거운 주제를 다루는 게시판에는 상당한 형식을 갖춘 글이 게시된다.

예시문

대통령님께!

대통령님께 국내 개발 제한구역(그린벨트) 제도의 현황과 문제점에 대하여 보고 드리며 본 제도의 해제를 건의드립니다.

1. 개발 제한 구역(그린벨트) 제도의 배경

1971년도 박정희 대통령 당시 도시의 무질서한 확장, 환경, 방위 목적 등으로 본 제도가 도입된 이래 현재에 이르기까지 수도권 및 전국 대도시 중심으로 분포되어 있습니다. 지난 43년간 정부의 그린벨트의 엄격한 관리로 정상 유지되고 있으나 이로 인하여 피해 주민들의 경제적 고통, 수많은 민원이 야기되고 많은 문제점이 양산되고 있는 실정입니다.

본 제도 도입 시에 정부는 사유지 토지들의 규제로 사회적 문제 야기가 염려되어 사회 공론화 과정을 생략하고 비밀리에 정책을 결정하고 기습적으로 공표 단행하고, 제도 정착을 위하여 막강한 정부의 공권력을 동원한 바 있습니다. 당시 피해 지주들은 그린벨트의 영문도 모른 채 일방적으로 피해를 당할 수밖에 없었습니다. 졸지에 수백만 국민의 사유재산이 정부의 졸속 비정상 정책으로 인하여 용도 제한을 받고 소중한 재산권을 박탈당하게 된 것입니다.

43년 전 비민주적인 절차로 강제로 지정된 비민주적인 악법이며 개인의 재산권을 과도하게 침해한 불평등하고 형평성에 어긋난 악법입니다.

헌법 11조에 "모든 국민은 법 앞에 평등하다."

헌법 23조에 "모든 국민의 재산권을 보장한다."

43년 전 비민주적인 절차로 강제 지정된 개발 제한 구역은 헌법에도 위배되고 헌재에서도 위헌이라고 헌법 불합치 결정된 일방적으로 피해자의 정신적·경제적 희생만을 강요한 악법입니다.

청와대 국민토론방

(http://www1.president.go.kr/community/opinion/opinion.php?srh[board_no]=6)

(4) SNS

요즘 가장 대중적으로 인기를 얻고 있는 글쓰기 유형이다. 특히 스마트폰이 대중화되면서 SNS 이용자가 폭발적으로 증가하게 되었다. SNS는 온라인상에서 특정 또는 불특정 다수와 관계를 맺고 의사소통을 할 수 있고, 각종 정보를 교환할 수 있는 서비스 체계이다. 해당 포털사이트에 신청하기만 하면 누구에게나 제공되는 1인 미디어 공간으로 카카오톡, 트위터, 페이스북 등과 같은 정보 공유 공간을 포괄하는 개념이다. SNS는 이 외에도 전자우편이나 인스턴트 메신저 서비스로 사용자끼리 서로 연락할 수 있는 수단을 제공한다.

연 습

1. 자신의 과거 인터넷 글쓰기를 소개해 보시오.

2. SNS를 사용해 본 경험을 발표해 보고, 유의 사항을 정리해 보시오.

Ⅶ 다양한 말하기

1

발표와 프레젠테이션

1) 발표의 개념

발표는 다수를 대상으로 하는 의사표현 방식을 말한다. 의사표현이란 한마디로 말하기이다. 즉 자신의 생각을 다른 사람에게 널리 알리는 언어 행위이다. 발표는 목표를 달성하기 위해 청중에게 어떠한 사실이나 정보, 자신의 의견 등을 전달하고 설득함으로써 자신이 원하는 것을 달성하는 일련의 과정을 말한다. 교사의 강의, 정치인의 연설, 직장인의 브리핑, 학자의 논문발표, 성직자의 설교 등이 모두 발표에 해당한다고 할 수 있다.

최근에는 발표가 단지 말을 통해서만 이루어지지 않고 시각 자료 등을 활용하여 진행되는 경우가 많아지고 있다. 특히 이렇게 자료를 보여주면서 하면서 하는 발표를 '프레젠테이션(presentation)'이라 부르기도 한다. 입사 시의 면접, 고객들을 대상으로 하는 제품 설명, 사업 설명 등에 이 프레젠테이션이 자주 활용된다.

2) 좋은 발표를 위한 조건

첫째, 좋은 발표는 때와 장소에 적합해야 한다. 때와 장소에 맞아야 한다는 것은 청중의 관심이나 반응, 상황에 따라 양을 조절하고 발표의 내용과 양식을 적절하게 변용하는 것을 말한다.

둘째, 좋은 발표를 하려면 진실해야 한다. 강의나 강연, 학술 발표 등과 같이 정보를 제공하는 발표뿐 아니라 정치인의 연설이나 세일즈맨의 설득에서도, 우선 청중을 사로잡고 보자는 식의 거짓 증거를 대거나 궤변적인 논리를 펼치거나 실현성 없는 허황한 전망을 제시하거나 사실을 왜곡하는 태도는 삼가야 한다. 이런 태도는 당장의 효과는 있을지 몰라도 결국 진실이 드러나 곧 신뢰를 잃고 만다. 작은 것을 얻으려다 결국 더 큰 것을 잃고 마는 것이다.

셋째, 좋은 발표는 짧고 명쾌해야 한다. 별 내용 없이 장황하게 늘어놓는 식의 발표는 청중을 지루하게 만들어 관심과 주의를 끌지 못한다. 명쾌한 발표가 되기 위해서는 주장이 분명해야 하고, 논리와 표현방식이 체계적이고 간결해야 한다.

※ 좋은 발표를 위한 심리학 이론

(1) **선택적 인식** 사람은 어떤 사물이나 현상을 카메라 렌즈처럼 있는 그대로 정확하게 인식하는 것이 아니라 개인의 인지적 틀, 욕구, 경험에 따라 선택적, 즉 자기중심적으로 인식한다. 그렇기 때문에 좋은 발표가 되기 위해서는 사람들의 욕구와 관심이 무엇인지 먼저 잘 파악해야 한다. 그것을 만족시켜 줄 때 사람들은 발표에 훨씬 더 집중하게 되어 발표의 효과가 배가 된다.

(2) **정보의 재해석** 사람들은 받아들인 정보를 그대로 저장하는 것이 아니라 효율적인 저장과 인출을 위해 재해석하고 재가공하여 저장한다. 그렇기 때문에 발표를 할 때는 사람들이 기억하고 활용하기 쉽게 체계화해 주는 것이 필요하다. 수직 계열화나 수평 계열화 등 순서와 체계를 만들어 준다거나 이항 대립이나 대비 등을 통해 단순화시키는 것이 효과적이다.

(3) **이미지 효과** 사람들은 숫자나 문자보다는 도형이나 이미지를 더 쉽게 이해하며 오래 기억한다고 한다. 그래서 사람들에게 강렬한 인상을 남기고 오래 기억되는 발표가 되기 위해서는 적절한 시각 자료를 이용하는 것이 효과적이다. 숫자를 설명할 때는 도표나 그래프를 이용하고 말루 설명할 수 있는 것도 관련된 시각 자료를 첨부하도록 하자.

(4) **대조 효과** 같은 내용을 전달하더라도 주변 환경이나 상대적 위치에 따라 느끼는 가치가 달라진다. 이를테면 우리 사회의 성차별 문제를 설명한다고 할 때 성차별이 없는 사회의 예를 다른 나라에서 찾아서 설명한다면 훨씬 더 문제의 심각성이 부각될 것이다. 이렇듯이 어떤 문제를 강조할 때는 반대되는 상황과 대조시켜 설명하자.

(5) **연합 효과** 유인 효과가 있는 것에 가까울수록 좀 더 관심을 가지고 강하게 인식하는 경향이 있다는 것이다. 따라서 사람들에게 어떤 것을 설명할 때는 사람들이 관심을 가질 만한 비슷한 것과 연

관 지어 설명할 필요가 있다. 예를 들어, 우리 사회의 교육 문제를 발표하기 위해서는 청중에게 입시를 위한 공부 방법을 알려 주는 것으로 관심을 유인할 수 있다.

(6) **후광 효과** 의사 결정을 할 때 사람들은 권위 있는 것에 의존하는 경향이 있다. 그 문제의 전문가 의견을 인용하거나 국가 기관에서 실시한 조사 내용을 참고로 한다면 청주에게 훨씬 큰 신뢰감을 줄 수 있다.

(7) **사회적 증가 효과** 사람들은 다수의 편에 서야 심리적 안정감을 느끼는 경향이 있다. 흔히 시장에서 물건을 살 때 상인들이 그 물건이 많이 팔린다고 말하여 고객의 관심을 끈다. 또 어떤 기업의 신뢰성이나 발전 가능성을 평가할 때 그 기업 제품의 시장 점유율을 말한다. 사회적으로 인정받고 있다는 증거를 제시하는 방식은 사람들에게 안정감을 준다. 발표를 통한 설득에 있어서도 적절한 통계 자료를 활용하는 것이 효과적이다.

(8) **희소 효과** 반대로 사람들은 희소성이 있는 것을 높이 평가하는 경향도 있다. 전 국민 중의 5%만 가질 수 있는 차라거나 1%의 선택받은 사람을 위해 지어진 아파트라고 선전하는 것이 모두 이런 효과를 노린 것이다. 이런 희소 효과는 발표할 때도 적절히 이용할 수 있다. 오늘 발표는 선택된 사람들만 들을 수 있다거나 이 발표를 듣는 사람들은 정말 운 좋은 소수의 사람이라고 말한다면, 청중의 관심과 기대가 커질 것이다.

2

발표의 단계와 전략

1) 발표의 준비

(1) 목적 설명

발표를 준비할 때 가장 먼저 해야 할 일은 발표의 목적을 세우는 일이다. 발표의 목적을 세우기 위해서는 우선 자신의 발표를 듣는 청중이 무엇을 원하는지 어떤 것을 기대하는지를 분석해야 한다.

발표는 그 목적에 따라 설득적 발표, 정보 전달적 발표, 환담적 발표로 나눌 수 있다. 설득적 발표는 선거 유세, 영업, 캠페인 등이 있으며, 정보 전달적 발표는 강의, 설명회, 학술 발표 등이 있다. 또한 환담적 발표는 수상식, 퇴임식, 결혼식 등의 행사에 하는 축사 등이 해당된다.

일반적으로 기업에서 하는 프레젠테이션을 그 목적에 따라 도표화해 보면 다음과 같다.

대상	형태	일반적인 목적
내부	품의/제안	상사나 의사 결정권자의 재가를 받아 나의 의도대로 일을 추진하는 것
	설명회	현재의 사실, 문제점, 대안 등을 공유하거나 의사 결정을 받아 내는 것
	업무 보고	사실을 공유하거나 지원을 받아 내는 것

대외	제품 설명회	제품을 판매하거나 계약을 체결하는 것
	일반 업무 보고	회사 홍보를 통해 궁극적으로 회사 이익을 기여하는 것

(2) 정보 수집

정보 수집은 발표에 필요한 주변 정황에 대한 정보 파악을 말한다. 정보 수집이 필요한 이유는 이후 단계, 즉 발표문을 작성하고 발표를 실시하는 단계에 전략과 방향을 제시하기 위해서다. 또한 앞서 설정한 목적이 적절한지 보완할 필요는 없는지 검증하는 것이기도 하다.

〈정보 수집 대상〉

① 청중: 목적, 성별, 연령, 학력, 직업, 지위, 권한, 인원 등

② 경쟁자: 여러 명이 발표하는 경쟁 상황일 경우 다른 발표자의 능력이나 발표 방식의 파악

③ 발표 시간 및 발표장의 상황: 발표 시간대, 발표장의 분위기나 시설 파악

〈정보 수집 단계 3P〉

- People(청중)
- Puporse(목적)
- Place(장소)

① 청중에 대한 분석: 누구를 대상으로 하는가? 청중의 성비나 연령비는 어떻게 구성되어 있는가? 청중의 전공 분야나 관심 분야는 무엇인가? 이런 상황들에 대한 분석과 조사가 필요하다.

② 목적에 따른 분석: 목적에 따라 정보제공을 위한 발표, 설명을 위한 발표, 설득을 위한 발표로 나뉠 수 있다.

- 정보 제공을 위한 발표: 자신이 갖고 있는 정보를 타인과 효과적으로 공유하기 위한 것이다. 예를 들면, 기업체의 1분기 판매실적, 주요 고객들과의 상담 상황 등에 대해 프레젠테이션을 하는 경우가 여기에 해당된다.
- 설명을 위한 발표는 새로운 프로세스나 절차 등을 간략하게 설명하기 위한 것이다. 대학생을 상대로 한 배낭 여행사의 설명회에서 이루어지는 프레젠테이션이 여

기에 속한다.

- 설득을 위한 발표는 가장 복합적인 프레젠테이션의 형태이다. 이 유형은 정보 제공, 설명을 위한 프레젠테이션을 포함한다.

③ 장소에 대한 분석: 발표장의 상황을 말한다. 교통편은 어떤지, 발표장의 시설은 어떤지, 이런 것들에 대한 정확한 정보가 있어야 한다. 예를 들면, 조명 시설이 안 좋은 발표장에서 작은 글씨의 발표문을 준비해 간다면 자칫 낭패를 당할 수 있다. 이 중에서도 청중 분석이 가장 중요하다. 청중에 대해 파악해 두어야 할 것은 다음과 같다.

청중의 규모	대체로 숙달되지 않은 발표자의 경우, 청중이 많으면 불안감이 커져 제대로 된 발표를 하기 어렵다. 청중의 숫자에 따라 언어의 선택, 목소리 크기, 시청각 자료 등 세심한 준비를 해야 한다.
청중의 구성	청중의 성비, 연령대, 전공 분야 등의 구성을 알아두는 것도 중요하다. 여성이 많을 경우에는 감성적인 언어를 쓰는 것이 효과적이다. 또한 성희롱 발언에 유의해야 한다.
청중의 관심도	청중이 관심을 가지고 자발적으로 참여한 인원들인지 동원된 인원들인지 파악해야 한다. 동원된 청중이어서 발표 주제에 대한 관심이 미약한 청중이 많다면 도입부를 튀게 하거나, 생생한 언어 사용, 역동적인 전달 방법, 재미있는 일화 등을 소개하여 청중들의 관심을 끌어내야 한다.
청중의 지식수준	발표 주제에 대해 잘 모르는 청중이 많을 경우, 기초부터 차근차근 설명하고, 전문용어는 피하고 가급적 쉬운 일상어로 설명해야 한다. 주제에 대해 잘 아는 청중일 경우, 그들의 문제의식에 부합하는 새로운 지식이나 전문적 식견을 보여 주어야 한다.
발표자에 대한 호감도	청중이 발표자에 대해 어떤 태도를 가지고 있느냐도 발표의 성패에 큰 영향을 미친다. 일반적으로 발표자에 대해 관심이 많을수록 청중들은 발표 내용에 긍정적으로 반응한다. 발표자에 대한 정보가 없거나 발표자에 대한 반감을 가지고 있는 청중이 많을 경우에는 먼저 청중으로부터 호감을 얻어야 한다.

(3) 자료 조사와 정리

발표문을 작성하기 위해서는 먼저 자료를 찾아야 한다. 이는 글을 쓰기 위해 자료를 조사하는 작업과 유사하다. 일단 발표의 목적과 주제가 정해지고 나면 이것을 뒷받침하는 증거를 수집해야 한다. 증거를 모으는 가장 효과적인 방법 중의 하나는 마인드 매핑(mind-mapping)이라는 과정이다. 이것은 주요 메시지와 관련된 아이디어를 브레인스토밍(drainstorming)하는 과정이고, 아이디어를 도식적으로 일목요연하게 보여 주는 것으로 어떤 아이디어가 주제와 관련성이 크고 중요한가를 결정하는 데 도움을 준다. 여기서 주요 메시지를 뒷받침할 핵심 아이디어를 3~5가지 정도만 추려 내는 것이 좋다. 이렇게 아이디어가 추려졌으면, 다음과 같은 방법으로 보강할 자료를 찾아야 한다.

① 인터뷰: 해당 주제에 대해 특별한 지식이나 정보를 가진 사람의 견해를 청취하는 것이다. 인터뷰하는 목적이 확실하게 정해지면, 그에 적합한 인물을 선정한다. 어떤 질문을 어떻게 할 것인지 미리 연구하여 준비한 다음, 인터뷰가 진행되는 동안에는 주의 깊게 듣고 기록하거나 녹음해야 한다. 그리고 인터뷰가 끝나고 나서는 짧은 시간 안에 정리하는 것이 좋다.

② 설문 조사: 여러 사람의 의견이나 생각을 수렴할 필요가 있을 경우 설문 조사를 한다. 설문조사를 할 때는 누구를 대상으로 무엇을 어떻게 물어보아야 할지 철저하게 준비한다. 설문 조사에서는 가장 중요한 것이 문항을 어떻게 설정하느냐 하는 문제이다. 설문 조사가 끝나면 내용을 분석하여 수지화해야 한다.

③ 관련 기관에 의뢰: 준비할 시간이 넉넉하다면 해당 주제와 관련된 정부 기관, 연구소, 시민 단체 등에 자료를 의뢰할 수 있다.

④ 도서관에서 자료 수집: 백과사전 등의 각종 사전, 신문이나 잡지 등의 정기 간행물 그리고 해당 주제에 대한 전문 서적 등을 참고하여 많은 자료를 얻을 수 있는 곳이 바로 도서관이다.

⑤ 온라인으로 자료 찾기: 주제와 관련된 키워드로 검색하여 필요한 자료를 선별한다. 온라인으로 자료를 찾을 경우, 다수의 불필요한 정보가 함께 딸려 오기 때문에 무엇보다도 선별하는 작업이 필요하다.

위와 같은 작업으로 자료가 수집되면 정리를 해야 한다. 그런데 수집된 자료 중 어떤 것을 버리고, 어떤 것을 포함시킬 것인가? 이 경우 효과적인 방법이 5C 테스트이다. 5C란 Correct(정확), Complete(완벽), Clear(명확), Consistency(일치), Clever(현명)을 말한다. 이 기준을 적용하여 자료를 평가하고 최종적으로 프레젠테이션에 포함시킬 것인지 판단할 수 있다.

2) 발표문 작성

발표문은 워드 프로그램으로 작성하여 인쇄물로 만들거나 파워포인트 등을 이용하여 프레젠테이션 자료로 만든다. 대부분 파워포인트를 이용한 프레젠테이션 자료를 사용하고 있다. 앞으로의 설명은 대체로 여기에 따르도록 한다.

(1) 발표문 작성의 기본 원칙과 순서

효과적인 발표를 하기 위해서는 무엇보다 적절한 발표문이 작성되어야 한다. 바람직한 발표문이 되기 위해서는 다음의 기본 원칙을 지켜야 한다.

① 청중의 입장에서 생각한다.
② 심리학 이론을 활용한다.
③ 이해하기 쉽게 구성한다.
④ 단순 명료하게 작성해야 한다.
⑤ 논리적이어야 한다.

이상의 발표문 작성 원칙에 따라 발표문을 작성하되, 대체로 다음의 순서를 밟는 것이 도움이 될 것이다.

1단계: 키워드 추출 ➡ 2단계: 제목 설정 ➡ 3단계: 개요 작성 ➡ 4단계: 내용 구조화 ➡ 5단계: 우선순위 결정 ➡ 6단계: 자료 형태 결정 ➡ 7단계: 표현 방법 결정 ➡ 8단계: 원고 작성

(2) 발표문의 내용 구성

발표문은 서론, 본론, 결론의 형식에 맞추어 체계적으로 구성하는 것이 좋다. 서론을 시작하기 전에는 시작말(opening ment)을 두고, 결론 다음에는 질의응답 시간을 설정하고, 질의응답이 끝난 후 맺음말(closing ment)을 준비한다.

30분 발표 시간을 가정하고 발표문 구성을 예상해 보면 다음과 같다.

구분	내용	시간
opening	자기소개, 인사말, 운영 계획, 발표와 청중과의 관계	1분
서론	본론 전개를 위한 문제 제기(질문, 인용, 일화, 제시), 본론 내용 예고	2분
본론	결론 도출을 위한 주요 내용, 세부 사항, 근거 자료	20분
결론	청중에게 기대하는 핵심 내용, 결론	2분
질의응답	궁금증 해소, 긍정적 이미지 강화	3분
closing	청중의 의사 결정이나 행동을 촉구	2분

3) 발표문 쓰기

(1) 서론 쓰기

발표문 역시 일반적인 다른 글들과 마찬가지로 서론과 결론이 중요하다. 특히 강한 인상을 주는 서론이 필요하다. 서론은 다음의 네 가지 목적을 수행해야 한다. 청중의 관심 환기, 발표주제 제시, 발표 내용 개요, 주제의 중요성과 청중과의 관련성 강조 등이 그것이다. 무엇보다도 청중의 주의를 끌고 관심을 환기하는 것이 중요한데, 그러기 위해서는 재미있는 유머나 충격적인 사건, 호기심을 유발하는 질문 등을 사용한다. 유머를 사용할 때는 설명하려는 주제나 소재 또는 그 자리에 모인 청중과 관계가 있어야 하고 너무 길지 않아야 한다.

(노후 준비 필요성에 대한 발표의 서론 시작 부분) 요즘 50대 남자들은 이사를 가게 되면 애완견을 끌어안고 있다고 합니다. 자기는 버리고 가지만 개는 버리고 가지 않기 때문이라고 합니다. 이렇듯 지금 우리 사회에서는 가정에서 남자들의 역할과 위치가 축소되고 있습니다. 그 이유는 무엇보다도 경제력 때문입니다. 명예퇴직 등 조기 은퇴가 일반화되고 있기 때문입니다. 그렇다면 이러한 시대적 흐름에 대비하기 위해서는 무엇을 준비해야 할까요?

충격적인 사건이나 예화 등을 사용할 때는 재미있으면서도 주제와 관련된 이야기를 들어야 한다.

(금융 관리에 대한 발표의 서론) 최근 뉴스에 따르면 사채를 쓰고 갚지 못한 30대 주부가 사채업자들에게 납치되어 폭행을 당하며 3일간 끌려 다니다가 탈출 사건이 있었다고 합니다. 잘못된 금융 이용이 낳은 불행한 사건입니다. 돈을 잘 이용하면 우리에게 큰 이익을 가져다주지만 그렇지 않을 경우 큰 불행의 원인이 되기도 합니다.

청중과의 공통점을 찾아내어 청중의 관심과 호감을 끌어내는 것도 서론에서 아주 효과적인 방식이다.

(농산물 수입 개방에 대한 발표) 여기 참가하신 대부분의 분들은 농업에 종사하시는 것으로 알고 있습니다. 저도 역시 농촌 출신입니다. 우리 부모님께서는 아직도 고향에서 농토를 지키고 계십니다. 하지만 우리 모두의 고향인 농촌이 큰 위험에 처해 있습니다.

주제와 본론의 내용을 소개하는 것으로는 다음과 같은 방법들이 사용된다. 첫째는 주제와 관련된 다른 사람의 말을 인용하는 방법이다.

(공포심 극복에 대한 발표) 공자께서 말씀하시길 "군자는 두려움이 없다."고 하셨습니다. 두려움이란 우리가 무슨 일을 하는데 큰 장애가 됩니다. 두려움을 극복하고 자신의 해야 할 일을 할 수 있다면, 그 사람은 인생의 큰 성공이 예약되어 있다고 할 수 있습니다.

문제를 지적하여 심각성을 부각하여 주제를 강조하는 방식도 흔히 사용된다.

(직업 선택에 대한 발표) 요즘 우리 사회에서는 청년 실업이 큰 문제가 되고 있습니다. 대학을 졸업한 청년 10명 중 6명이 직업을 구하지 못하고 있는 실정입니다. 이렇게 직장을 구하지 못하고 있는 것은 불경기에 의해 일자리가 줄어든 때문이기도 하지만 직업에 대한 국민들의 잘못된 인식에서도 기인한 바 큽니다.

(2) 본론 쓰기

① 본론의 구성

본론의 작성은 체계성이 가장 중요한다. 아무리 중요한 이야기를 해도 그것이 체계적이고 논리적이지 못하면 설득력을 갖기 힘들다. 체계성을 가지려면 설명이나 논리를 전개하는 순서를 잘 잡아야 한다. 흔히 본론을 전개 방법에는 다음과 같은 것들과 있다.

첫째는 공간적, 시간적 순에 따라 본론을 전개하는 방식이다. 이 방식은 주로 청중에게 정보를 전달하거나 어떤 상황에 관해 설명할 때 효과적이다. 예를 들어, 컴퓨터의 활용에 대해 설명하고자 할 때는 컴퓨터의 구성은 공간적 순서에 따라 설명하고 작도 원리나 방법은 시간적 순서에 따라 설명하는 것이 효과적이다.

둘째는 인과적 질서에 따른 구성법이다. 어떤 사회문제의 원인이나 문제점, 대안을 제시 할 때 아주 효과적인 방식이다. 예를 들어, 우리나라에서 최근 문제되고 있는 부동산 가격 폭등 현상에 대해 발표한다고 할 때, 그 원인, 그것의 문제점, 그것에 대한 해결 방안 등을 차례로 설명해야 한다.

셋째는 어떤 논거를 제시하는 구성법이다. 어떤 주제에 대해 자신의 주장을 설득하는 발표일 경우에는 본론의 내용으로는 그 주장을 뒷받침하는 논리적 근거들을 제시해야 한다. 예를 들어, 사형제도 폐지의 필요성을 주장하는 발표를 한다고 하면, 여러 부분에서 왜 사형 제도의 폐지가 필요한지 그것을 뒷받침할 근거를 하나씩 제시해야 한다.

② 자료 제시

본론에서는 또한 적절한 자료를 제시해 주어야 한다. 본론에서는 제시할 자료로는 다음과 같은 것들이 있다.

- 각종 통계 등 수치 자료
- 도표, 그래프, 사진 등의 시각 자료
- 동영상 등 멀티미디어 자료

모든 자료를 다 보여 줄 수 없을 때는 우선순위를 결정한다. 우선순위는 목적 달성에의 기여도에 따라 정한다. 우선순위가 높은 것을 먼저 제시하고, 낮은 것은 첨부 자료로 제시하거나 생략한다. 또한 우선해서 보여 주어야 할 자료는 사진이나 도표 등 강한 인상을 남기는 시각 자료로 보여 주고 보조적인 내용은 구두로 설명하거나 첨부 자료로 설명 없이 제공 할 수 있다.

③ 본론 작성 시 주의 사항

본론을 작성할 때는 전달과 설득의 효과를 높이는 표현 방법을 사용한다. 그러기 위해 활용할 수 있는 방법에는 다음과 같은 것들이 있다.

- 인용(역사적 인물, 저명인사, 고전, 격언, 속담 등)을 적절히 활용할 것
- 예시나 예화를 들어 청중의 이해력을 높일 것
- 수학적 합리성(통계 자료, 실험 수치 등)
- 구체적인 이익이나 손실을 명확히 제시해 줄 것
- 질문을 적절히 던질 것
- 평소에 익숙한 경험을 떠올리게 할 것(여의도 면적, 담뱃값 크기 등)

(3) 결론 쓰기

결론은 본론의 내용을 정리하고 자신의 주장을 다시 한 번 강조하는 부분이다. 또한 결론은 발표의 마무리를 알리는 효과도 동시에 가지고 있다. 그러므로 결론을 말하기에 앞서서 결론임을 알리는 내용을 말해 주는 것이 좋다. 갑작스럽게 발표를 마치게 되면 대부분의 청중이 당황하게 되고, 또 미흡하다는 느낌을 가지게 된다.

결론은 먼저 요약과 종합으로 중요한 요점을 정리해 주어야 한다. 그리고 청중에게 호소하여 자신이 원하는 행동을 하도록 유도하는 내용이 들어가야 한다. 희망을 제시하거나 낙관적 전망을 보여 주어 청중에게 고무적인 느낌이 들도록 하는 것도 중요하다.

(4) 원고 작성 시 유의사항

① 가급적 단문을 구사한다. 문장이 길어지면 듣는 사람도 지루할 뿐 아니라 발표자가 내용을 놓칠 수 있다.

② 불필요한 형용사나 부사 사용을 피한다. 형용사나 부사를 많이 사용하면 비논리적이고 부정확하다는 느낌을 주어 신뢰감을 떨어뜨린다.

③ 숫자는 발음 나는 대로 적는다. 숫자만을 나열하게 되면 읽지 못할 경우가 있다. 2억3

천5백만 원 등으로 적는다.

④ 발표문에는 반드시 쪽 번호를 달아 둔다.

⑤ 설명의 우선순위를 표시해 둔다. 음영, 글자체, 색깔 등을 사용하여 중요한 내용을 표시해서 강조하거나 생략할 부분을 표시해 두는 것이 편리하다.

⑥ 띄어쓰기 등을 잘 지켜서 잘못 읽는 경우를 피한다.

4) 시각자료 작성

(1) 시각 자료의 중요성

발표문 작성이 끝났으면 청중에게 보여 줄 시각 자료를 만들어야 한다. 시각 자료는 주로 PPT(파워포인트)를 이용하여 만든다. 물론 시각 자료 없이 말로만 발표를 하거나 발표문을 복사해서 나누어 주고 발표를 하는 경우도 있지만, 거의 모든 발표에서 시각 자료를 이용하고 있다. 이렇게 시각 자료를 이용하는 경향이 커 가는 것은 그 효과가 크기 때문이다.

시각 자료의 효과가 왜 큰지 그 이유를 먼저 살펴보자.

첫째, 오감별 정보 습득 의존도는 시각이 가장 큰 비중을 차지하고 있다고 한다.

- 시각 75%, 청각 11%, 촉각 7%, 미각 4%, 후각 3%

둘째, 시간 경과에 따라 기억의 효율성에 있어 차이가 있다고 한다.

- 언어: 20분 후 18%만 기억, 100분 후 4%만 기억.
- 그림: 100분 후 19%만 기억.
- 언어+그림: 20분 후 60% 기억, 100분 후 70% 기억.

(2) 시각 자료의 작성 원칙

시각 자료는 청중의 이해를 돕고 청중의 기억에 오래 남게 하기 위해 사용하는 보조 자료이다. 그러기 위해서는 다음의 원칙을 지키는 것이 좋다.

① **단순화**: 시각 자료에는 너무 많은 것을 담으려 해서는 안 된다. 발표문의 내용을 그

래도 옮겨 놓는다든가, 말로 할 내용을 전부 보여 주는 것을 금물이다. 시가 자료의 양이 너무 많거나 한 화면에 글씨가 너무 많으면, 청중은 거부감을 가지게 되고 대부분 지루함을 느끼게 된다. 발표할 내용 중 핵심 부분만을 요약하여 가급적 단순화하여 보여 주어야 한다.

② **일관성**: 각 페이지의 포맷이나 활자 모양, 페이지의 색깔이나 화면의 위치, 순서, 용어 등에 일관성이 있어야 한다. 너무 변화를 많이 주면 청중의 주의력을 산만하게 만들어서 좋은 효과를 내기 어렵다.

③ **이미지화**: 앞서도 설명했듯이 인간의 기억력은 그림을 대했을 때 더 높아진다고 한다. 필요한 곳에서는 그림이나 도표 등 이미지로 표현하는 것이 효과적이다.

④ **컬러화**: 단순함이 좋지만 하나의 색으로만 표현하면 단순해지므로, 적절한 색깔로 표현하는 것이 좋다. 특히 강조하거나 주의를 요하는 곳에서는 글자 색의 변화를 주는 것이 효과적이다. 하지만 글자의 색은 세 가지로 제한하는 것이 좋다. 너무 많은 색을 사용하면 복잡한 인상을 준다.

⑤ **논리성**: 시각 자료는 논리적이어야 한다. 발표는 논리적으로 청중을 설득하는 과정이다. 보여 주는 자료가 논리적이지 못하면 청중을 결코 설득할 수 없다. 자료의 내용이나 구성은 모두 설득력을 갖추어야 한다.

(3) 작성 시 주의 사항

시각 자료를 만들 때는 위에 설명한 원칙을 지켜야 하되, 다음과 같은 사항을 고려하여 작성하면 훨씬 효과적이다. 몇 가지 중요한 주의 사항을 살펴보자.

① 자료의 포맷

시각 자료는 스크린에 비춰야 하므로 스크린 크기에 맞게 만들어야 한다. 대체로 가로 대 세로를 4대 3의 비율로 하는 것이 일반적이다, 또한 청중에게 배포할 자료도 같은 모양으로 만들어서 제공한다. 또한 시각 자료는 적당한 여백을 두는 것이 좋다. 여백 없이 너무 빽빽하게 작성하면 청중에게 지루하고 답답한 느낌을 주게 된다. 대체로 한 화면에 10행 이상 들어가는 것은 청중에게 큰 부담을 준다.

또한 보여주는 화면마다 회사나 학교 등 발표자의 소속을 나타내는 로고를 삽입하는 것이 청중에게 신뢰감을 주어 효과적이다. 화면 오른쪽 위나 왼쪽 아래에 로고를 삽입하는 것이 좋다.

② 문자

시각 자료의 글자 크기와 글자체도 중요하다. 글자체는 발표 내용과 관련해서 선택해야 한다. 신뢰감을 주기 위해서는 비교적 딱딱한 정자체가 유리하고, 발랄하고 신선한 내용을 발표할 때는 필기체 등을 활용해 볼 만하다.

글자 크기는 24포인트 이상으로 하는 것이 좋다. 그 이하일 때는 청중이 화면을 보고 읽기가 힘들다. 또한 로마자(알파벳)는 소문자로 작성하는 것이 효과적이다.

③ 내용 강조

시각 자료를 보여 줄 때는 중요한 사항을 강조할 필요가 있다. 이때는 글자의 색이나 크기, 글꼴에 변화를 준다. 또한 애니메이션이나 음향 효과를 사용하는 것도 효과적이다. 전문 용어를 사용하거나 개념을 설명할 필요가 있을 때는 한자나 영어를 병기하는 것도 좋다.

④ 배포 자료

시각 자료를 준비하여 보여 주더라도 청중에게 배포 자료를 주는 것도 효과적이다. 앞의 내용을 돌아보고 적절한 곳에 메모를 할 수 있어 청중의 이해에 도움을 줄 수 있다. 배포 자료는 시각 자료의 화면을 출력해서 주는 것이 일반적이다. 이때 자료는 흑백으로 복제되기 때문에 원본의 명암을 고려해야 한다.

배포 자료에는 작성 일자, 작성자, 연락처, 발표 기관, 페이지 수 등을 꼭 기입해야 한다.

5) 연습 및 점검

발표를 잘하기 위해서는 꼭 연습을 해야 한다. 발표문을 완전히 준비했다고 하더라도 연습하지 않으면 실제 발표에서 실패할 가능성이 많다. 발표문의 문어체 문장을 구어체의 말로 표현하거나, 일상적으로 하는 일대일 대화에서 일 대 다수의 대화를 해야 하는 상황에서 예기치 못한 장애가 발생할 수 있기 때문이다. 여러 번의 연습을 통해 실제 발표에서 일어날 상황에 대해 대비하고 자신감을 배양해야 한다.

(1) 연습 방법

연습은 다음의 3단계 과정을 통해서 한다.

단계	방법	준비물	점검 내용
1단계	· 원고를 소리 내어 읽으면서 내용을 숙지	· 원고 초안	· 주로 내용상의 문제점을 수정 – 어색한 단어 – 부정확한 표현 – 논리상 오류 – 더 좋은 표현이나 사례
2단계	· 실제 발표와 유사하게 연습 – 시각 자료 준비 – 표현 방법 – 보디랭귀지 – 목소리 – 소요 시간	· 최종 원고 및 시각 자료 초안	· 전체적인 조화 · 원고 내용과 시각 자료 일치 여부 · 발표자의 태도 · 예상 질문 및 답변
3단계	· 실제 발표와 동일하게 실시	· 최종 원고 및 최종 시각 자료 · 실제 발표 장소 및 시설	· 현장 적응

연습은 거울 앞에서 혼자 해 볼 수도 있으나, 동료나 친구들 앞에서 하고 조언을 듣는 것이 좋다. 연습 내용을 녹음하거나 녹화해서 자신의 발표에 무엇이 문제인지 찾아보고 고치도록 해 보자.

(2) 무대 공포증 해소

평소에 가능한 한 많은 발표 기회를 가져 이러한 무대 공포증을 극복해야 한다. 여러 사람 앞에서 자기 생각을 말할 때 자리에서 일어나 분명하게 자기 생각을 말로 표현하는 습관을 가지게 되면 무대 공포증은 자연스럽게 해소된다. 발표하기 전 무대 공포증을 없애기 위해서는 다음의 방법이 효과적이다.

① 부담이 없는 작은 무대를 골라 자신감 있게 발표할 기회를 많이 가져보라. 평소에 잘 알고 지내거나 허물없는 사이인 사람들 앞에서 자주 발표해 보면 스스로 자신감을 가지게 된다. 식구나 친척이 모이는 가족 모임에서, 또는 친구들끼리 만나는 동창 모임 등에서 자기 생각을 자신 있게 펼쳐 보이거나 학교 수업 시간에 적극적으로 나서서 발표하는 습관을 가지도록 한다.

② 발표를 성공적으로 잘하는 한 사람을 모델로 정하여 그 사람의 태도, 말투, 몸짓 등을 면밀하게 분석하고 모방하도록 한다. 이 경우에는 대체로 자신과 비슷한 사람을 정한다. 특히 전공 분야 및 직업이 자신과 비슷한 사람 중에 한 명을 정하면 좋다.

③ 무대 공포증은 대체로 낯선 환경이나 낯선 사람들을 꺼리는 수줍음에서 비롯한다. 이를 극복하기 위해서는 여유 있는 태도를 갖도록 한다. 강단에 오르기 전에 순서를 기다리면서 심호흡을 한다. 호흡을 천천히 길게 하면 긴장감이 다소 해소된다. 강단에 올라가서는 발표를 시작하기 전에 2~3초간 여유를 갖는다. 미소 지으며 청중을 한번 둘러보면 마음의 여유와 자신감이 생긴다.

④ 무대 공포증을 없애기 위해서는 철저히 연습해야 한다. 충분히 연습을 하면 자신감도 생기고 실제 상황에 쉽게 적응할 수 있어 임기응변이 가능하게 된다. 그리고 발표문에 중요한 것들을 메모하여 발표 시에 적절히 활용해야 한다.

⑤ 발표가 두렵고 무대 공포증이 생기는 이유는 친하지 않은 생소한 사람들 앞에서 선다는 부담감이 크기 때문이다. 발표하는 동안 자신에게 가장 좋은 반응을 보여 주는 청중을 찾아 그들을 보면서 발표하도록 한다. 그러면 두려움이 많이 사라진다.

(3) 점검

① 장소 점검

발표를 하기 전에 미리 발표할 장소에 대해 점검해야 한다. 발표장까지 가는 교통은 불편하지 않은지 찾기는 쉬운지 점검하고, 문제가 있을 시에는 적절한 조치를 해야 한다. 예를 들어, 발표장이 찾기 어려운 골목길에 있다면 발표를 시작하기 전에 미리 안내판을 설치하거나 안내 인원을 배치해야 한다.

발표장은 청중의 수가 얼마나 되는지 예상해 보고 그들을 수용할 수 있는 적절한 규모인지 살펴본다. 인원수가 너무 많아 발표장이 혼잡해져도 문제지만, 너무 큰 발표장에 소수의 인원이 참가하는 경우도 좋은 발표를 기대하기 힘들다.

발표장의 시설도 사전에 점검해야 한다. 기자재는 잘 갖추어져 있는지, 활용할 수 있는 매체는 어떤 것들이 준비되는지 알아 두어야 한다. 예를 들어, 보여 줄 많은 자료를 준비했는데 프로젝터 등의 시설이 갖추어지지 않았다면 큰 낭패를 당할 수 있다. 또한 주최 측의 준비 부족으로 엠프나 마이크 시설이 제대로 작동하지 않아 진행에 차질을 빚는 경우도 종종 있다.

② 복장 점검

발표는 다수의 청중을 상대로 진행하는 것이다. 그렇기 때문에 사람들에게 외모에서부터 좋은 인상을 주어야 한다. 차분하고도 단정한 복장을 갖추는 것이 필요하다.

옷은 양복 정장을 입는 것이 좋다. 짙은 푸른색 계통이 가장 신뢰감을 준다고 한다. 감청색 계통의 짙은 싱글 양복을 입는 것이 좋다. 따뜻하고 밝은 색 양복은 편안함을 주기는 하지만 신뢰감을 떨어뜨린다. 단추가 많은 더블 재킷은 답답한 느낌을 준다. 구두는 검정색을 신는 것이 기본이다. 넥타이는 상의 색깔에 맞추어 너무 현란하지 않은 것을 택한다. 가장 기본적인 배색은 양복의 색깔과 넥타이 무늬 중 한 색깔을 일치시키는 것이다.

여성의 경우에도 역시 차분한 색깔의 투피스 정장을 선택하도록 한다. 너무 노출이 심한 옷은 절대로 피해야 한다. 발표자에게 신뢰감을 주지 못할 뿐 아니라 청중의 시선을 분산시켜 발표 효과를 떨어뜨린다. 또한 너무 눈에 띄는 액세서리도 피한다. 이 역시 청중의 집중력을 방해하기 때문이다. 화려한 벨트나 스카프 등도 삼가도록 한다. 단체에 소속된 경우라면 그 단체의 배지를 착용해서 신뢰감을 높이도록 한다.

발표장에서 나서기 직전에는 꼭 거울을 보고 최종 점검을 한다. 넥타이가 비뚤어졌다거나 머리칼이 엉켜 있거나 옷의 지퍼가 내려져 있거나 단추가 풀려 있다면, 청중이 거기에 신경 쓰느라 발표에 집중할 수 없게 된다.

연 습

1. 다음에 제시된 주제에 따라 발표 계획서를 작성해 보시오.

주제:

〈발표 계획서〉

발표 일시	
발 표 자	
발표 제목	
발표 주제	
발표 목적	
발표 개요 (조사대상, 조사방법, 개요 등)	

2. 위의 주제로 발표를 한 후 평가요소에 따라 평가하시오.

〈발표 평가지〉

번호	평가기준	상	중	하
1	사전 준비가 철저하다.			
2	진행시간 배분과 분량이 적절하다.			
3	화면배치가 선명하고 간결하게 구성되었다.			
4	이미지, 도표 등을 잘 이용하였다.			
5	주장이 논리적이고 근거가 충분하다.			
6	결론에 도달하는 방법이 합리적이다.			
7	자신감 있으며, 청중의 관심을 받았다.			
8	시선처리와 화법, 어투가 적당하다.			
9	자세 및 동선, 제스처가 적당하다.			
잘된 점				
수정해야 할 점				

3

토론과 토의

1. 토론

(1) 토론의 개념

토의와 토론은 공식적이고 쌍방향적 말하기 유형이다. 이런 정도의 분류라면 그 두 용어의 차이는 드러나지 않는다. 그런데 사전에서도 그들의 개념적인 차이가 분명하지 않다.

토의(討議): 어떤 문제에 대하여 검토하고 협의함.
토론(討論): 어떤 문제에 대하여 여러 사람이 각각 의견을 말하여 논의함.

위의 정의에서처럼 두 용어가 어떤 문제에 대하여 다양한 의견을 수렴하기 위해 논의한다는 점에서 그러하다. 즉 토의는 어떤 문제의 해결을 위한 의견의 일치를 얻으려고 서로 협동하여 논의하는 방식인데, 토론도 어떤 문제를 해결하기 위해 의견을 구한다는 점에서는 그것과 같다. 그러나 토론은 문제의 대립 점에 대하여 긍정과 부정으로 갈려서 대립을 전면에 드러낸다. 그래서 상호 경쟁적인 관계가 되어 설득을 하려한다. 토의도 논의 과정 속에서 시각적인 차이가 존재하나 그것을 전면에 내세우지 않는다. 상호 협조적인 관계가 되어 다양한 정보와 의견을 교환한다. 그러므로 토의에서는 주장하는 것과 마찬가지로 경청할 마음의 준비를 가져야 한다.

토의와 토론은 대체로 3명 이상 15명 이하의 집단 간에 이루어지는 의사소통의 방식이다. 토의를 하려면 우선 토의의 주제를 설정해야 한다. 그러기 위해서는 가능한 한 공동의 관심이 있는 분야에서 문제를 발견하는 것이 수월하다. 토의의 문제는 크게 세 가지 종류, 즉 사실적 문제, 가치적 문제, 그리고 정책적 문제로 나눌 수 있다.

사실적 문제는 어떤 문제를 정확히 이해하기 위한 것이다. 가령 "서울시의 대기 오염 방지 대책은 무엇인가?"와 같은 것을 들 수 있다. 가치적 문제는 어떤 문제에 대한 평가를 위한 것이다. 가령 "정부의 국토 균형 발전 정책은 과연 효과적인가?"와 같은 것을 들 수 있다. 정책적 문제는 어떤 문제의 해결을 위한 것이다. 가령 "한강의 지천을 살리려면 어떻게 해야 하는가?"와 같은 것을 들 수 있다.

그런 다음 그 문제에서 토의해야 할 구체적인 사항이 무엇인지를 찾아야 한다. 가령 문제에 대한 실태와 분석, 문제 해결과 관련된 모든 방안 제시, 최선의 해결안 선택, 실행을 위한 방법 모색 등이 의제로서 토의 사항이 된다.

쟁점은 논제에 내재된 비판적인 주장들을 의미한다. 토론이 성립하기 위해서는 토론자의 한쪽이 토론의 전체적인 방향을 좌우하는 핵심적인 요소들을 쟁점으로 주장해야 한다. 반대 측에서는 제시된 쟁점들 중 한 가지 이상을 성공적으로 논박해야 한다.

토론에서 쟁점은 크게 정의적 쟁점과 지시적 쟁점의 두 가지로 구분된다. 정의적 쟁점이란, 주요 용어의 정의는 무엇인가, 주장된 가치 판단의 기준은 무엇인가를 제시하는 것이다. 지시적 쟁점이란, 제시된 사실이 개념 정의에 부합하는지 여부를 밝히고, 이 경우에도 동일한 가치 판단이 적용되는가 하는 타당성 여부를 가리는 것이다.

토론의 논제를 결정하기 위해서는 다음과 같은 사항들이 고려되어야 한다.

① 논제에는 단 하나의 중심적인 논쟁점만이 분명하게 제시되어야 한다. 이를테면 '사형과 낙태는 금지되어야 한다.'는 논제는 사형과 낙태라는 두 가지 쟁점을 담고 있기 때문에 입장에 따라서는 사형 금지에는 찬성하지만 낙태는 허용되어야 한다는 견해가 성립될 수 있다. 따라서 좋은 논제는 하나의 진술문에 하나의 쟁점만을 담고 있는 단문이 적절하다.

② 찬반 어느 한 편에 유리하게 작용하는 정서적인 감정이 담긴 표현은 배제하는 것이

좋다. 예를 들어 '야만적인 개고기 판매는 금지되어야 한다.'는 논제의 경우 '야만적인'이라는 표현을 통해 이미 '개고기 판매'를 반대하는 측에 유리한 정서가 내포하게 된다. 물론 모든 언어가 다소 간의 정서적 가치를 담고 있다는 점을 감안하더라도 논제에는 가급적 가치 판단을 최소화하는 중립적인 어휘를 선택해야 한다.

③ 논제는 현 상태의 문제를 직시하고 이를 해결하기 위한 토론자 측의 입장이 분명하게 제시될 수 있어야 한다. 예를 들어 '자유 민주주의는 수호되어야 한다.'의 경우 현 상태의 문제 자체가 내포되어 있지 않고 쟁점 역시 추상적이고 모호하므로 적절한 논제라 할 수 없다.

④ 논제를 선정하는 데 있어서 당시의 중요한 현실 문제를 고려하는 것이 토론에 대한 관심을 환기시키고 준비를 위한 자료 접근이 용이할 수 있다는 점에서 바람직하다.

논제는 유형에 따라 대략 네 가지로 나뉜다. 사실 논제, 정책 논제, 철학적-가치적 논제, 시간-공간 논제가 여기에 속한다. 첫째, 사실 논제는 '존재하는 것', '존재했던 것', '사실이 될 수 있는 것'에 관한 논제이다. 여기에서의 사실이란 '개연성이 있는 것, 즉 가능성을 포함하는 사실'을 일컫는다. 그러나 사실 논제는 쟁점을 담기가 어려워 다른 논제에 비해 토론에 채택되는 일이 드물다.

(2) 주장과 증거

다른 사람을 설득시키려면 자신의 주장을 뒷받침할 수 있는 증거를 제시해야 한다. 이러한 증거를 논거라 한다. 증거는 크게 실재 증거, 개인적 증거, 정황 증거의 세 가지가 있다.

실재 증거는 보고, 듣고, 만질 수 있는, 즉 감각 기관을 통해 확인할 수 있는 증거를 의미한다. 개인적 증거는 사람들에 의해 제기된 의견이나 사실 등을 일컫는다. 토론자가 직접 쓴 책, 다른 사람이 작성한 보고문, 통계적으로 요약된 자료 등이 속한다.

실재 증거와 개인적 증거가 직접적인 반면, 정황 증거는 간접적이며 추정에 근거한 것이다. 예를 들어, 미국의 농부들이 높은 수입을 올리고 있다는 공식적인 통계가 있다면 이것은 실재 증거에 해당하며 직접적 증거이다. 그러나 어떤 사람이 미국의 농업 지대를 지나다가 크고 새로운 집들과 고가의 농기계, 가축 곡물 등을 보고 미국의 농부들이 높은 수

입을 올리고 있을 것이라고 추정했다면 이것은 정황 증거에 해당하며 간접적 증거이다.

보통 간접 증거는 직접 증거에 비해 구속력이 낮기 때문에 논거로 채택되기 어렵지만, 이것들이 논리적으로 설득력이 있다면 가치 있는 증거로 채택될 수 있다. 증거가 논거로 채택되기 위해서는 다음 사항을 만족시켜야 한다.

※ 증거가 논거로 채택되기 위한 조건

- 증거는 이미 받아들여진 다른 사실과 모순이 없는가?
- 증거는 그 내부 요인들끼리 일관성을 가지고 있는가?
- 증거는 쟁점과 관련이 있는가?
- 증거는 경쟁 관계에 있는 다른 증거보다 더 나은가?

논거를 제시할 때, 증거를 가공하여 만들어 낸다든지, 그 증거가 가지고 있는 본질적인 면을 제쳐두고 부수적인 면만을 부각시키거나 증거를 왜곡하는 행위를 해서는 안 된다. 또한 출처를 밝히지 않는 증거는 논거로서 가치가 없다. 어떤 증거를 있는 것보다 더 과장해서 과도하게 감정을 개입시키는 행위도 적절치 못하다.

(3) 토론의 종류(형식)

① 포럼

'포럼(forum)'이란 공식 모임 또는 토의를 위한 장소를 뜻하는 데 주로 쓰였던 용어였다. 포럼은 청중이 질문을 하거나 의견을 제시할 수 있는 상황에서 사용된다. 어떤 문제에 대해 직접 관련 있는 사람들이 모여 공개적으로 토의하는 것으로, 다른 토의와는 달리 처음부터 청중의 참여로 이루어진다. 사회자의 주도하에 토의 자들은 제시된 한 가지의 주제에 대해 서로 상충되는 견해를 한 사람씩 발표하고 청중과 질의 응답하여 해결책을 모색하는 형식인 것이다.

② 원탁 토의

포럼이 대규모 집단의 토의라면, 원탁 토의는 10명 내외의 사람들이 모여 이야기할 수 있는 소규모 집단의 토의이다. 참여자들은 모두가 동등한 자격으로 특별한 절차나 규칙에 얽매이지 않고 자유롭게 주어진 토의의 문제에 대해 비공식적으로 의견 교환이 이루어진다. 이 토의는 가정의 일상적인 것에서부터 사회적인 현안에 이르기까지 다양한 범위를 의제로 할 수 있다.

③ 패널 토의

공적으로 문제를 토의하면서 동시에 사적 모임의 특성인 비공식성을 가지는 경우가 있다. 원탁에 앉는 대신에 청중들 앞에 반원으로 앉아서 토의하는 이런 형태를 패널(panel)이라고 한다.

어떤 문제에 대하여 풍부한 지식이나 경험이 있는 사람을 대표자(패널리스트)로 뽑아 자유롭게 서로 의견을 교환한 후 청중들이 참여하여 간단한 질문을 하거나 의견을 말하는 토의 방식이다. 토론자들 사이에 상당한 정도의 의견의 일치를 인정하며 문제와 관련된 이견을 조정하여 의견의 일치를 이끌어내는 수단으로 자주 쓰인다. 그러므로 이 토론은 정치적인 문제나 시사적인 문제와 같은 특정한 분야의 전문적인 문제를 해결하는 데에 적합하다.

④ 심포지엄

미리 3~4명의 전문가나 권위자에게 특정한 주제를 주고 그것에 대해 발표하게 한 후에 청중들에게 간단한 질의를 하게 하는 토의 방식이 심포지엄(symposium)이다. 각 발표자는 주제의 서로 다른 측면이나 관점에서 그것에 대한 이야기를 준비한다. 발표시간이 되면 연사들은 번갈아 가며 말한다. 이때 발표 시간이 비슷하게 배정되어서 의견 교환이 거의 이루어지지 않는다.

따라서 연사는 주제에 대한 정보를 전달하는 데에 주어진 시간을 거의 다 보내기 때문에 의견 충돌이 극히 적다. 이 토론은 어떤 주제에 대한 결론을 도출하는 것이 목적이 아니고 여러 각도의 의견을 발표하는 것이 주목적이다. 패널과 심포지엄에서도 청중들이 참여하는 시간이 있기는 하나, 그것 때문에 심포지엄의 본래 구조가 변형되지는 않는다.

⑤ 회의

두 사람 이상이 모여서 당면한 문제를 해결하기 위하여 의제를 채택하고, 참여자의 동의를 얻어 의제에 관련된 사항을 결정하는 토의 방식이다. 회의는 가장 일반적인 토의 형태이다. 학급회의에서처럼 회의는 대체로 조직된 집단에서 선출된 임원들이 회칙에 따라 진행한다는 점에서 다른 토의 방식과 차이가 있다. 국회의 정기총회와 같은 경우가 이런 방식으로 이루어진다.

⑥ 프레젠테이션

'프레젠테이션(presentation)'은 흔히 '발표'나 '소개' 또는 '시청각 기기를 사용한 표현'이라고 생각한다. 또한 광의의 개념으로는 '말하기' 개념에 가깝게 사용되기도 한다. 그러나 요즘 '프레젠테이션'하면 대개 자기의 의견이나 아이디어, 경험 등의 정보를 여러 사람들을 상대로 전달하거나 설득하는 행위로서 말하기의 한 방식으로 생각하는 것이 일반적이다. 의사소통과 관련하여 볼 때, 프레젠테이션은 일상생활에서 자기표현(Self Presentation)의 방법으로 이해된다. 즉, 프레젠테이션은 일종의 연기나 무대 올리기, 또는 배역을 포함한 모든 연출상의 은유에 기초를 두고 있는 것이다.

(4) 토론의 준비

말하기는 다양한 하위 장르를 가지고 있다. 두 사람이 하는 대화에서부터 면접, 자기소개, 강연, 연설, 토의, 토론 등 관점에 따라 무수한 경우가 있다. 여기서는 대학교에서 이루어지는 교실 상황에서의 교육적인 발표와 토론을 중심으로 어떻게 평가할 것인지를 중심 대상으로 논의를 전개하고자 한다.

말하기의 평가는 그 기준을 정하는 것부터가 쉽지가 않다. 사실 말을 잘한다는 것의 정확한 개념이 무엇인지 사람에 따라 전혀 달라질 수 있다. 말을 어눌하게 해도 진실한 감동이 전달된다면 많은 청중을 휘어잡는 대중연설가의 가식적인 연설보다 좋다고 느끼는 사람이 있을 것이다. 감동이란 진실한 것에 바탕을 둔다는 것이 모든 화법 연구가의 공통된 주장이다. 그러나 모든 내용이 감동을 목적으로 전달될 수는 없다. 학문적인 목표를 가지는 발표는 논리성과 창조성이 생명이다. 따라서 내용에 대한 평가도 발표의 목적에 따라 달라져야 한다.

내용뿐만 아니라 형식도 평가의 중요한 요소다. 화자의 태도나 말의 속도, 청중에 대한 배려, 조화 등등. 다양한 형식적 요소도 평가의 대상으로 삼아야 한다. 그러므로 내용과 형식을 적절히 조화롭게 평가의 요소로 삼아야 할 것이다.

말하기의 평가는 아직까지 어느 정도는 상대적인 관점이라는 것을 이해할 필요도 있다. 평가자와 평가 대상자가 모두 상대적이다. 예를 들어 어떤 학생의 말하기를 전문가가 평가하는 것과 평가의 기준에 대해서 잘 알지 못하는 초보 수준의 사람이 평가하는 것은 전혀 다른 결과를 가져올 것이다. 즉 평가자의 수준에 따라서 상대적으로 다른 평가가 도출된다는 의미다.

또한 평가 대상자인 학생의 경우도 그 집단이 어느 그룹인가에 따라서 달라진다. 말하기가 뛰어난 집단을 평가하는 경우와 그렇지 않은 경우의 평가를 일률적인 기준으로 평가하기가 힘들다. 예를 들어 초등학생의 평가와 대학생의 평가가 동일할 수는 없다. 이러한 이유는 말하기의 평가에 대한 객관적 기준을 아직 마련하지 못했다는 의미가 내포되어 있다. 상대적 평가는 평가 대상의 그룹을 일정한 수준에 도달한 것으로 상정하고 평가함을 의미한다.

여기서는 3~5명으로 구성된 조별 평가를 대상으로 하고자 한다. 학교에서의 수업은 주당 세 시간을 기준으로 40명에서 100명 정도의 학생을 대상으로 평가하는 것을 가정한다. 조원들은 다시 사회자와 발표자, 토론자를 기본으로 하고 경우에 따라서는 발표자를 두 명으로 하거나 토론자 혹은 정리자를 두어 각자 역할을 분담하도록 한다. 교육적인 목적에 적합하도록 토론의 절차와 내용을 간단히 소개한다.

① 토론을 하기 위해서는 먼저 토론 조를 편성해야 한다. 가령 한 조를 5명으로 하면, 찬성 측 2명, 반대 측 2명, 진행을 맡은 사회자 1명으로 구성된다. 교육을 위한 토론에서는 사회자는 토론 전체를 책임지고 이끌어가기 때문에 강의를 담당한 사람이 할 수도 있다. 그럴 경우에는 한 조 4명의 학생들로 구성된다.

② 토론을 하기 위해서는 토론의 주제를 결정해야 한다. 그렇게 하려면 우선 토론의 문제를 선정해야 한다. 토론의 문제는 찬성과 반대의 의견이 엇갈리는 문제여야 한다. 그런 후에 그에 대한 논제를 찬성 측에서 서술한다. 가령 "학교에서 체벌은 금지되어야 하는가?"가 토론의 주제라면, 그에 대한 논제는 "학교에서 체벌은 금지되어야 한다."가 된다. 이와 같이 논제는 선언적인 평서문으로 서술해야 한다. 이렇게 논제가 확정되면 미리 반대 측에 알려야 한다. 물론 논제의 논증 책임은 찬성 측에 있다. 그

런데 토론의 문제를 잘 골라서 그 주제는 학생들 수준에 맞고 학생들에게 관심을 끌 수 있고, 가치가 있는 것으로 정해야 한다.

③ 채택된 논제에 교실 전체 학생들이 접근하기 쉽게 그와 관련된 자료들을 미리 제공하는 것이 좋다. 그 자료를 통하여 학생들은 논제에 대한 자신의 생각과 주장을 미리 정리하여 토론에 간접적으로 참여할 수 있다. 그런 자료에는 논제에 사용된 어려운 개념들에 관한 것도 있겠지만, 교육 토론이라는 점을 감안하여 토론자의 발언을 미리 요약하여 학생들에게 인쇄물로 배부할 수도 있을 것이다.

④ 토론을 원만하게 진행하려면, 본 토론에 들어가기 전에 예비적인 토론을 해보는 것이 좋다. 그렇게 하지 않으면 토론이 일방적으로 자기주장을 전달하기에 급급한 토론이 되기 쉽다. 형식에 얽매이지 않고, 좀 막연한 주장을 자유롭게 미리 상대편과 주고받고 간단한 논박을 해 봄으로써 쟁점을 분명하게 인식할 뿐만 아니라, 같은 편끼리 그를 바탕으로 토론의 전략을 세울 수 있다.

그 전략이란 상대편을 속이기 위한 술책이 아니라 상대편의 주장에 대한 반박 방법이라든가 논거로서 부족한 자료를 수집하고 제시하는 방법이라든가 주장을 하는 데 더 효과적인 토론의 순서를 다시 정한 것이라든가 하는 따위를 말한다. 그런 토론은 교실 전체 학생들 앞에서 하는 것이 이상적이겠지만, 여건에 따라서는 조별로 각각 일정한 장소에서 찬성 측과 반대 측으로 나누어 시행해 볼 수 있을 것이다.

⑤ 본격적인 토론에 들어가면, 진행자는 논제 설명을 해야 한다. 그는 본 토론에서 해결해야 할 문제는 무엇이고 논제와 관련된 배경은 어떠하며 어떤 쟁점을 가지고 논쟁을 할 것인지 등, 논제에 대한 토론의 필요성을 언급한다.

⑥ 논쟁하기에 들어가면, 토론의 방식으로 찬성 측과 반대 측이 먼저 차례로 기조 발언을 하고 난 후에 각 쟁점에 대해 논쟁을 해보는 것도 한 방법이 될 것이다. 기조 발언에서는 참여자 양측이 자신들의 주장과 근거를 개략적으로 설명하는 것이다. 물론 토론하기 전에 토론의 내용에 대한 이해와 관심을 갖게 하여 논제에 대한 자신의 생각들을 정리하도록 기조 발언을 요약하여 교실 전체 학생들에게 알려줄 수도 있을 것이다.

⑦ 기조 발언이 끝나면, 쟁점에 대한 주장과 반박의 단계로 접어든다. 참여자의 논쟁 방법에 대해서는 토론의 종류에서 익힌 직파식 토론과 반대신문식 토론의 말하기

방식이 참고가 된다. 토론에서는 쟁점 발견이 중요하다. 가령 토론의 주제로 체벌에 관한 토론을 한다고 할 때에 '체벌의 정의', '체벌의 효과', '체벌의 원인', '체벌의 대안' 등에 대한 하위 쟁점들이 발굴되지 않으면 이 논제와 관련하여 풍성한 논의를 할 수 없다.

그러나 쟁점의 수가 많아지면 토론이 혼란스러워지기 때문에 두세 가지 정도의 쟁점이 토론하기에 좋다. 논박에서는 상대편의 주장에서 동의할 수 있는 내용은 수용하면서 논리적인 오류나 허점을 발견하는 것이 중요하다. 이 단계에서 상대편에게 주장을 펼치고 논박을 하지만 정작 설득해야 할 대상은 청중인 학생들이라는 사실을 잊지 말아야 한다.

⑧ 논쟁하기가 끝나면 학생들은 토론을 정리해야 한다. 토론에서는 토의와 달리 반드시 해결책에 합의하는 것은 아니다. 문제의 해결책은 토론의 내용을 참고하여 토론 참여자와 청중이 스스로 결정하는 것이다. 토론에 참가한 학생과 청중인 학생들은 각기 자신의 입장(의견)을 견지한 상태에서 토론의 과정에 참여하여 토론을 통해 드러난 쟁점에 대한 주장과 논박을 자신의 입장에서 비교하고 분석한다. 그리고 그것을 바탕으로 자신의 입장을 수정하고 보완하거나 바꾸게 된다.

⑨ 토론이 끝나면 심판관은 객관적인 입장에서 일정한 기준들로 만든 평가표에 따라 공정하게 심판한다. 그리고 평가표를 모아 점수를 합산한 뒤에 최종적으로 찬성 측과 반대 측 중 어느 측이 이겼는지 판정을 한다. 일반적으로 토론 대회에서 심판관이 심판을 하게 된다.

토론에서 침묵은 곧 동의를 의미한다. 논박하지 않은 내용은 받아들여진 것으로 인정된다. 그러므로 반대 측은 찬성 측의 쟁점 중에서 한 가지 이상을 효과적으로 논박해야 한다. 반대 측이 논박으로 이용할 수 있는 사항을 제시하면 다음과 같다.

논제 관련성	반대 측은 찬성 측이 제시한 쟁점과 관련한 논의가 본 토론의 논제에서부터 벗어났거나 논제로부터 유추될 수 없는 주장이라고 반박한다. 예를 들어 찬성 측이 생명 복제의 문제를 배아 복제로 풀어나가는 경우 배아 복제가 생명 복제라는 논제와 무관하다는 것을 입증하는 것이다.

일반화	반대 측은 찬성 측이 제시한 몇 가지 사례들이 전체 논지를 정당화하기에는 역부족이라는 점을 근거로 반박할 수 있다.
비전형성	반대 측은 찬성 측이 제시한 주장이 논제를 입증하는 어떤 특성도 담고 있지 않은 비전형적인 사례라고 주장함으로써, 앞서 제기한 일반화의 경우를 보다 정교화 하고 확장하여 사용할 수 있다.
개념 정의	찬성 측에서 제시한 개념 규정이 합리적일 경우 반대 측은 이를 그대로 받아들이게 되나, 그렇지 않을 경우 개념규정 자체를 논박할 수 있다.
판단 기준	가치 토론의 경우 긍정 측이 제시한 기준과 다른 판단 기준을 제시하여 설득하는 경우를 말한다. 인간 복제의 경우 찬성 측이 인간 윤리의 차원을 금지의 기준으로 제시했을 때, 반대 측은 대체 장기를 제공함으로써 오히려 죽어가는 환자를 치유할 수 있다는 생명 존중의 입장에서 인간 복제를 허용해야 한다는 논리를 펼 수 있다.
타당성	가치 토론의 경우 반대 측은 찬성 측에서 제시한 가치나 유사 정책이 이 논제에 적용되지 않는다는 사실을 논박할 수 있다. 예를 들어 인간 복제의 경우 상대측이 인간 윤리라는 가치기준을 들었을 때, '경제적 차원'에서 '과학 기술의 선진화'라는 다른 차원의 가치 기준이 적용될 수 있다는 것을 증명하는 방식이다.
쟁점	반대 측은 찬성 측이 제시한 쟁점 가운데 중요성이나 지속성을 공박할 수도 있다. 아니면 이를 그대로 받아들인 가운데 해결 가능성을 놓고 그 불이익을 따지거나, 나아가 정책적인 대안을 놓고 보다 많은 이익이 돌아오는 더 나은 대체 방안을 제시할 수 있다.

(5) 토론과 발표의 기술

토론과 발표에서 효과적으로 자신의 의견을 전달하기 위해서는 토론과 발표의 기술이 필요하다. 다음은 토론자가 토론 시에 지녀야 할 자세와 토론의 기술이다.

눈 맞춤	• 진지해 보이는 인상을 주어 청중을 설득시키는 데 효과적이다. • 이야기를 시작하기 전 전체를 둘러본다. • 한 사람 한 사람 눈을 맞춘다. • 온화한 시선과 밝은 표정을 짓는다.
음성조절	• 중요한 주장을 강조하고 청중들을 계속 집중하게 하는 데 도움을 준다. 음의 높낮이, 강세, 길이, 음량 등이 포함된다. • 초보자일수록 천천히 정확하게 말하는 것이 유리하다.

손동작	• 중요한 주장을 강조할 때 사용한다. • 자신감의 표현으로 사용한다. • 과도한 손동작은 청중들의 집중력을 떨어뜨린다.
언어	• 언어는 분명하고 간단해야 한다. • 쉬운 언어를 선택하는 것이 필수적이다.
메모	• 상대측의 주장이나 질문을 꼼꼼히 체크할 때 필요하다. • 꼭 필요한 경우에만 메모를 이용하는 것이 좋다.
표현	• 수사적이고 우아한 표현은 청중에게 좋은 인상을 줄 수 있다. • 표현에만 치중한 나머지 핵심 내용을 담지 못하면 자신의 주장을 관철시키기 어렵다.
자세	• 어깨의 힘을 빼고 등을 곱게 편다. • 턱을 잡아당기고 뒷짐을 지지 않는다. • 무릎을 펴고 체중을 양쪽 발에 균등하게 싣는다. • 적절한 제스처를 취한다.
복장	• 장소에 맞는 복장이다. • 머리 모양이 단정하다. • 구두가 광택이 나게 닦여 있다. • 전체적으로 자연스러운가.

(6) 칼포퍼식 토론

① 교육 토론의 목적

교육 토론은 현장 토론과 달리 교육의 범주에서 각 토론자의 지정된 역할과 발언순서에 따라 엄격한 형식을 갖추어 진행된다. 교육 토론은 학생들로 하여금 현안에 대한 비판적 사고능력과 문제의식을 키워주고, 객관적 자료들을 동원하여 좀 더 합리적 대안을 찾는 능력을 기르기 위해서 하는 것이다.

학생들은 문제에 대한 자신의 기본 입장과 관계없이 찬반의 토론 내용을 준비하며 자연스럽게 세상 문제에 대해 관심을 갖게 되며 타인을 설득하는 능력을 배우게 된다.

② 교육 토론의 기본 요령

교육 토론을 하는 토론자들은 찬성 측과 반대 측으로 나누어진다. 어느 측이든 공통되게 입론, 확인 질문(cross examination), 반론의 활동을 하게 정해져 있다.

③ 칼 포퍼식 토론의 특징

칼 포퍼(K. Popper)는 과학 철학적 입장에 근거하여 비판적 합리주의를 발전시켰다. 비판적 합리주의는 기본적으로 인간의 이성이 언제나 오류를 범할 가능성을 가지고 있으므로 지식이나 주장은 항상 잠정적이고 가설적인 성격을 갖는다는 생각에 기초하고 있다. 따라서 모든 지식, 신념 등은 비판적 시험과 논의의 장에 항상 열려 있어야 한다. 그러한 비판을 통해서 오류를 줄여나갈 수 있다는 입장이다.

칼 포퍼식 토론이란, 토론을 통하여 이러한 비판적 합리주의자의 태도를 익힐 수 있도록 고안된 토론 형식이다. 열린사회연구소와 소로스재단에 의해 만들어졌다.

※ 3 vs 3의 토론 양식: 찬성 / 반대 팀의 구성원은 각각 입론(갑) - 반론(병) - 재반론(을)의 역할을 담당한다.

〈토론조표 양식〉

조별 토론

	조원	주제
1조		
2조		
3조		
4조		
5조		

6조		
7조		
8조		

〈진행 순서 및 규칙〉

52분 내외 (44분 + 숙의시간 8분 내외)

1. 찬성 측 갑 입론	6분
2. 반대 측 을 첫째 확인질문	3분
3. 반대 측 갑 입론	6분
4. 찬성 측 을 첫째 확인질문	3분
5. 찬성 측 병 첫째 반론	5분
6. 반대 측 갑 둘째 확인질문	3분
7. 반대 측 병 첫째 반론	5분
8. 찬성 측 갑 둘째 확인질문	3분
9. 찬성 측 을 둘째 반론	5분
10. 반대 측 을 둘째 반론	5분

〈토론개요서의 예〉

날짜: 2000. 05. 20.

- 참여자 (참여인원: 7 , 열외: 0)

사회자: ○ ○ ○	
찬성 팀	반대팀

- 주제: 안락사는 허용되어야 하는가?
- 주장개요:

찬성 – 안락사는 허용되어야 한다.

반대 – 많은 문제들을 야기하는 안락사가 허용되는 것을 반대한다.

용어정리

안락사: 인위적으로 죽음을 앞당기거나 생명유지에 필수적인 영양공급이나, 약물투여 등을 중단함으로써 생명을 단축하는 행위

찬성	**반대**
· 기조발언	· 기조발언
웰다잉법 사례 제시 개인의 선택도 자유권에 속하며 환자의 고통은 우리가 알기 어려움	안락사 사례 제시
· 주장 1	· 주장 1
죽음에 대한 개인의 선택도 자유권에 속함	인간의 존엄성 침해
· 주장 2	· 주장 2
환자의 고통은 우리가 알기 어려움	보편적 인간윤리의 어긋남
· 주장 3	· 주장 3
악용될 우려가 있다면 명확하고 사회적 동의를 얻는 절차를 수반하면 됨	안락사의 도미노 현상
· 예상 반론 1	· 예상 반론 1
인간 존엄성 때문에 안락사를 반대함	존엄하고 자비롭게 죽음

• 예상 반론 2	• 예상 반론 2
경제적인 이유 때문에 사람을 죽여서는 안 됨	환자의 의지존중
• 예상 반론 3	• 예상 반론 3
환자가 치료 중 고통이 너무 극심하면 판단 능력이 흐려져서 안락사를 찬성 할 수 있음	재정적 그리고 감정적 부담
• 마무리 발언(결론)	• 마무리 발언(결론)
안락사 허용 찬성	안락사의 법적 허용 반대

〈토론개요서의 양식〉

날짜: 20××. ××. ××.

- 참여자 (참여인원: , 열외:)

사회자: 이름	
찬성 팀	반대팀
이름	이름

- 주제:
- 주장개요:

용어정리

찬성	반대
• 기조발언	• 기조발언
• 주장 1	• 주장 1
• 주장 2	• 주장 2
• 주장 3	• 주장 3
• 예상 반론 1	• 예상 반론 1
• 예상 반론 2	• 예상 반론 2

• 예상 반론 3	• 예상 반론 3
• 마무리 발언(결론)	• 마무리 발언(결론)

Ⅷ 부록

자기분석

목표설정

기업분석

취업전략

구분	내 용	방 법
자기분석	• 자신의 강점 찾기 • 직업 선택의 가치 찾기 • 활동 및 경력 찾기	• 적성검사 • 자신의 과거 돌아보기 • 타인을 통해 나를 이해하기
목표설정	• 사명과 비전 갖기 • 대학생활 계획세우기 • 취업준비와 목표정하기	• 장기, 단기 목표설정과 계획 • 학기별, 단계별로 진행 • 지속적인 관리 노트 및 피드백
기업분석	• 희망하는 회사 찾기 • 자신과 맞는 회사 찾기 • 기업정보 및 채용공고 분석	• 언론매체와 인터넷 정보 활용 • 선배와 지인 활용 • 현장 방문
취업전략	• 커리어 전략 • 면접 전략 • 포토폴리오 전략	• 기초프로필 보완 • 성취 스토리 작성 • 직무와 관련된 자신의 경험 정리 • 이력서와 자기소개서 업데이트 • 면접 준비

자기분석

- 자기만의 스토리를 완성하기 위한 기초 단계
- 학생의 글을 예시로 실음.

1. 존경하는 인물

인물	존경 이유	나에게 힘이 되는 점	직무 기여도

2. 생활신조, 가훈

생활신조	이유	나의 삶과 연결고리	직무와의 연결
가훈	**이유**	**나의 삶과 연결고리**	**직무와의 연결**

3. 취미 및 특기

구분		하루 / 일주일	나에게 도움이 되는 점	직무에 도움이 되는 점
취미 명				
특기 명				

4. 좋아하는 책, 영화, 명언 소개

구분	한 문장으로 소개	좋아하는 이유	영향을 준 점(구체적)

◎ 자신의 장점과 단점

1. 성격의 장점

단어로 표현	사물로 표현	사건과 결과로 이어쓰기	직무에 도움이 되는 점 쓰기

2. 성격의 단점

단어로 표현	사물로 표현	사건과 결과로 이어쓰기	직무에 도움이 되는 점 쓰기

◎ 개인 경력사항

1. 아르바이트 및 인턴, 직장체험프로그램 (직무와 관련하여)

아르바이트 명	회사	기간	구체적 업무	느낀 점	배운 점

2. 수상경력(공모전 포함)

수상명칭	등수	주최기관	수상년도	수상소개(상의 의미, 탈락의 경우는 원인 씀)

3. 대회 참여 경험 (프로젝트 참여, 과 행사 등)

프로젝트 명칭	주관기관	프로젝트 설명	참여기간	배운 점/새롭게 알게 된 점

4. 교육 및 세미나 참여

교육명칭	참여 기간	주최기관	수료증 유무	배운 점	도움이 된 점

◎ 활동 사항

1. 동아리 활동

명칭	소개	직책	구성원으로서 자신의 역할	배운 점	직무에 어떻게 도움이 되는가?

2. 봉사활동

활동명	기간	활동내용	배운 점과 느낀 점	직무에 어떻게 도움이 되는가?

3. 여행 기록

여행한 곳	기간	동행인	인상 깊었던 것	여행을 통해 내가 배운 것

4. 기타 활동 (마라톤 참여, 자전거 일주, 국토대장정, 캠프 등)

활동명칭	기간	활동소개	배운 점/느낀 점	해당 직무와의 연결

목표설정

◎ 평생계획표

작성일:

나이	개인의 삶	일, 직업, 사회
20대	• 자기발견, 가치관 정립 • 가능성 여부 • 새롭고 다양한 경험 • 자존감	• 사회적 관계 • 미래와의 관계 • 새로운 도전
30대	• 자신감 • 사회성 • 적합성 • 친밀도 • 미래성	• 일의 전망 • 일의만족도 • 지속적 발전
40대	• 지속성	• 성취도와 보람 • 행복도 • 세계관
50대		
60대 이후		

◎ 자기계발 목표

작성일:

구 분	목 표
전공 대비 나의 목표는?	
전공과 관련된 지식과 기술은 무엇인가?	
전공 관련 갖춰야 할 자격증은?	
전공 관련 협회 또는 단체는 어디인가?	
목표를 달성하기 위해 나는 어떤 사람이 되어야 하는가?	

희망연봉	

◎ 취업 성공 실행 표

1. 취업목표 선택

취업분야	희망직종	목표기업	지원부서	입사 희망일

2. 취업역량개발

구　분	내 용
보완해야 할 전공기술능력	
업체가 요구하는 채용분야 능력	
자격증 부분	
자격증 부분	
기 타	

3. 목표 달성 방해요인

구　분	부족한 부분	극복방법	일정/기관
인　성			
취업태도			
전 문 성			
기　타			

◎ 학업 중 취업 계획표

작성일:

학업 · 진로	개인	키워드

구분	목표	실천내용	시간계획	확인
학업 · 진로				
자기계발				
가정 · 재정				
신체 · 건강				
자원봉사 사회참여 후원 등				
기타				

기업분석

◎ 희망 기업 분석표

NO	1	2	3
기업			
날짜			
업태			
근무지역			
규모 (인원/매출)			
입사부문			
연봉			
장점			
단점			
특징			
기타			

◎ 희망 기업 견학 카드

기업명		견학날짜	
기업정보 (위치, 계열사)			
견학목적			
견학한 곳 정보			
깨달은 점과 새롭게 알게 된 점 (다짐, 각오)			
기타			

◎ 희망 기업 알아보기

회사명		업 종	
CEO		설립년도	
주 소		종업원 수	
홈페이지		E-mail	
매 출		순이익	
사명 비전 가치			
경영목표			
핵심사업 주생산품			
기업특징			
국내외지사 계열사			
기업문화			
인 재 상			

◎ 희망 기업 상세 분석

기업의 최근이슈	
관심가지는 분야와 확장하는 신사업	
주요 고객	
시장의 특징	
국내 동종업계 경쟁사	
해외 동종업계 경쟁사	
기타	

◎ 희망 기업 채용 준비(기업 홈페이지 또는 전년도 모집 공고 참고)

항 목	조사 및 분석 항목	특기사항
채용시기 공고방식		
채용목적		
지원 자격		
우대사항 가산점		
특기사항 근무지		
지원 서류 접수방법		
고용형태		

◎ 전형 및 방식

구 분	중점평가대상/전형방식	특기사항
기본전형 절차 서류전형 평가		
어학성적 반영형태		
직무적성검사		
면접평가 절차		

취업전략

◎ 취업 일지

No	기업	지원부서	지원 날짜	1차 발표	2차 발표	3차 발표	결과 및 피드백
1							
2							
3							

◎ 기초이력서 보완하기

NO	세부내역	비고
1	아르바이트 및 인턴, 직장체험프로그램	
2	수상경력(공모전 포함)	
3	프로젝트 참여, 학과 행사 등 참여 경험	
4	교육 및 세미나 참여	
5	동아리 활동	
6	봉사활동	
7	여행	
8	기타 단기 활동(마라톤 참여, 자전거 일주, 국토대장정, 캠프 등)	
9	기타	

◎ 성취 스토리

사건/경험/시기	느끼고 배운 점	삶에 적용할 것

◎ 자기소개서 보강하기

1. 리더로서의 경험

2. 갈등해결 경험

3. 팀웍 경험

4. 가장 감명 깊게 읽은 책과 감명 받은 이유(2~3권)

5. 기타

◎ 1분 자기소개

구분	시간(1분)	구성 내용
자기소개 하기	20초	
자신의 반전 요소 (직무연결 장점도출)	30초	
감동의 한마디	10초	

면접 준비

◎ 면접질문과 질문의 의도

자기소개 및 자신을 PR해보세요.

- 자신을 객관적으로 설명할 수 있는가?
- 기본적으로 면접 준비가 되어 있는가?

왜 우리 회사에 지원했나요?

- 명확한 지원동기가 있는가?
- 가장 기본적이면서, 중요한 질문

자신을 사물에 비유하면 무엇이라고 생각합니까?

- 잠재적 성격과 감성테스트

이것만큼은 질 수 없다고 생각하는 것은?

- 자신의 Sales Point를 어필할 수 있는가?
- 자신감이 있는가?

상사의 지시가 자신의 견해와 다르다면?

- 조직문화에 대해서 이해하고 있는가?
- 협동심, 팀워크에 기본 개념이 있는가?

주말이나 휴일에 무슨 일을 하는가?

- 성격을 판단하고 싶을 때(외향적 or 내향적)

왜 이 업무를 하고 싶습니까?

- 직무선택의 동기 확인 및 개인 비전 확인

사회인과 직장인의 차이는 무엇이라고 생각하나요?

- 사회인으로서의 각오가 있는가?

당신이 CEO라면 무엇을 최우선으로 하겠습니까?

- 리더십과 경영마인드 평가

마지막으로 질문 있습니까?

- 우리 회사에 대해서 가장 관심이 있는 것은 무엇인가?

◎ 예상 질문지

면접질문의 대부분은 지원자가 제출한 이력서에서 나온다.

이력서 상에 표기된 자신의 핸디캡을 체크한다.

- 학점, 군 면제 여부, 영어 점수, 관련 없는 자격증 등

그 핸디캡에 대해 나올 수 있는 질문을 만들어 본다.

그 질문에 대해 핸디캡을 커버할 수 있는 답변을 만들어 본다.

- 각 질문에 대한 시나리오를 만들어 보는 것이 중요

각각의 답변에서 파생되어 나올 수 있는 질문도 함께 생각해 본다.

면접에 자주 나오는 질문도 함께 정리해 본다.

◎ 면접 기본 답변요령

자신감이 느껴지는 언어를 사용하자.

- ~ 일 것입니다 VS ~입니다.
- ~ 하도록 노력해 보겠습니다 VS ~ 하겠습니다.

긍정적인 말을 사용하자.

- ~ 신입으로서 아는 것이 없지만 VS 신입이기에 ~~~ 강점이 있습니다.
- ~ 아직은 능력을 발휘하지 못하겠지만 VS 지금이라도 ~~~에 기여를 할 수 있습니다.

쉬운 말을 사용하자.

- 리더십, 창의적, 전략적, 성실함 등의 단어는 쓰지 말자
- 구체적인 상황의 묘사를 통해 자연스럽게 느껴지도록 답변하자

질문의도를 파악하고 답변하자.

- 각 질문에 대해 왜 이런 질문을 하는가에 대해 생각해보고 답변하자

◎ 취업지원서 작성법

기본 면접 답변 법

- 씩씩하고 자신감 있는 목소리 !, 당당한 시선 !
- 결론부터 제시하고 단문 중심으로 !
- 한마디로 말씀드리면(결론), 예를 들면(구체적인 예), 그래서(확인), 이상입니다(끝) 정도는 기억
- 유머감각이 중요
- ~했습니다. 그렇습니다."!
- 질문을 유도하는 답변은 지양!
- 자존심 상하는 질문에도 미소로서 답변
- 적정한 용어 구사 (저희 나라, 선배님, 당연히)

프레젠테이션 면접 답변요령

- 정보제공과 함께 흥미를 줄 수 있도록
- 개괄적인 설명을 서두에
- 핵심을 요약하고 짧고 간결하게
- 아이콘택트, 손동작, 바디랭귀지를 활용

토론면접 답변요령

- 주제에 벗어나지 않도록
- 적절하게 개입하여 발언 (2번째 혹은 3번째)
- 지나치게 나서서 독점하지 말고 타인의 발언을 경청
- 되도록 사회자의 역할을 하라

◎ 개인 면접 준비

자신만의 개성을 만든다.

- 센스 있는 분위기 메이커 홍길동입니다.
- 걸어 다니는 인간전화번호부 홍길녀입니다.

- 별명을 활용한 캐치프레이즈
- 기업문화에 초점을 맞춘 캐치프레이즈
- 인생모토를 활용한 캐치프레이즈
- 지원하는 업무를 활용한 캐치프레이즈

캐치프레이즈가 이해될 수 있도록 근거를 붙인다.

- 실제 경험을 바탕으로 예를 들어서 설명한다.

인상적인 마무리로 끝낸다.

- 기억에 남을 수 있는 마무리 준비

◎ 면접관이 확인하는 것

첫 인상이 밝고 명량한가?

- 면접장 입장 시, 답변 시, 실수했을 때의 동작

성실하고 협조적인 성격인가?

- 인재의 기본요소, 답변내용으로 판단

직무수행 능력이 있는가?

- 이력서내용 검증차원, 답변내용으로 판단

적극적인 성격인가?

- 답변태도 및 답변내용으로 판단

창의력과 판단력이 뛰어난가?

- 난감한 질문에 대한 답변내용으로 판단

조직 적응력이 어떠한가?

- 실력을 떠나 조직적응에 문제가 없는지 답변 및 태도로 판단

◎ 면접의 기본사항

예의 바른 자세

- 용모, 옷차림, 확실한 응답, 노크 및 인사자세

자신감 있는 태도

- 표정, 침착하고 자신감 있는 목소리, 실수를 인정하는 자세
- 어려운 질문을 대하는 태도, 자신의 장점을 어필할 수 있는지의 자세

최선을 다하는 태도

- 면접 후 예의바른 인사
- 끝까지 흐트러짐 없는 태도

지원회사에 대한 사전 지식

- 회사명칭, 연혁, CEO이름, 사훈, 경영이념, 창업정신, 로고와 의미
- 대표제품, 최근 뉴스, 주식가격
- 자신이 생각하는 회사의 장단점과 발전에 도움이 될 만한 아이디어

지원하는 업무에 대한 지식

- 회사 홈피에서 정보 습득 후 분석, 준비